目次

沖縄の真実を捻じ曲げた落合恵子

◇沖縄の辞書　落合恵子

あなたよ
世界中でもっとも愛（いと）おしいひとを考えよう
それはわが子？　いつの間にか老いた親？　つれあい？
半年前からあなたの心に住みついたあのひと？
わたしよ
心の奥に降り積もった　憤り　屈辱　慟哭（どうこく）
過ぎた日々に受けた差別の記憶を掻かき集めよ
それらすべてが　沖縄のひとりびとりに
いまもなお　存在するのだ
彼女はあなたかもしれない　彼はわたしかもしれない

沖縄の辞書を開こう
２０１５年４月５日　ようやくやってきたひとが
何度も使った「粛々と」
沖縄の辞書に倣って　広辞苑も国語辞典も
その意味を書きかえなければならない
「民意を踏みにじって」、「痛みへの想像力を欠如させたまま」、「上から目線で」

と
はじめて沖縄を訪れたのは　ヒカンザクラが咲く季節
土産代わりに持ち帰ったのは
市場のおばあが教えてくれた　あのことば

「なんくるないさー」

なんとかなるさーという意味だ　と　とびきりの笑顔
そのあと　ぽつりとつぶやいた
そうとでも思わないと生きてこれなかった
何度目かの沖縄　きれいな貝がらと共に贈られたことば「ぬちどぅ　たから」
官邸近くの抗議行動
名護から駆けつけた女たちは
福島への連帯を同じことばで表した

「ぬちどぅ　たから、いのちこそ宝！」
「想像してごらん、ですよ」
まつげの長い　島の高校生は
レノンの歌のように静かに言った

「国土面積の０・６％しかない沖縄県に
在日米軍専用施設の７４％があるんですよ
わが家が勝手に占領され　自分たちは使えないなんて
選挙の結果を踏みにじるのが　民主主義ですか？
本土にとって沖縄とは？
本土にとって　わたしたちって何なんですか？」
真っ直すぐな瞳に　突然盛り上がった涙
息苦しくなって　わたしは海に目を逃がす
しかし　心は逃げられない
２０１５年４月５日　知事は言った
「沖縄県が自ら基地を提供したことはない」
そこで　「どくん！」と本土のわたしがうめく
ひとつ屋根の下で暮らす家族のひとりに隠れて
他の家族みんなで　うまいもんを食らう
その卑しさが　その醜悪さが　わたしをうちのめす
沖縄の辞書にはあって
本土の辞書には載っていないことばが　他にはないか？
だからわたしは　自分と約束する
あの島の子どもたちに

若者にも　おばあにもおじいにも
共に歩かせてください　祈りと抵抗の時を
平和にかかわるひとつひとつが
「粛々と」切り崩されていく現在（いま）

立ちはだかるのだ　わたしよ

まっとうに抗（あらが）うことに　ためらいはいらない

落合恵子さんが『沖縄の辞書』という詩を4月10日付の毎日新聞夕刊に発表した。落合さんは自分の目で見たこと読んだこと感じたことを詩に書いているという。

落合恵子さんは1945年1月15日生まれである。栃木県宇都宮市出身。実父の矢野登は参院議員（自民党）である。落合さんは婚外子として母子家庭で育った。元衆議院の矢野哲朗氏は本妻との間に生まれた弟。

落合さんは小学校一年から東京都中野区育ち。明治大学文学部英文学科卒。文化放送に1967年から1974年まで勤務した。1974年から作家活動をしている。1976年に児童書籍専門店「クレヨンハウス」を開く。その経営のほか、近年はフェミニストとしての視点から女性や子供の問題についての評論・講演活動や週刊金曜日の編集委員を務めている。

日本軍慰安婦問題、婚外子差別に反対し、また選択的夫婦別姓制度導入に賛同する。原発や特定秘密保護法案に反対し、マスメディアや関連する集会などで訴えている。「原発を輸出するのではなく、9条こそ輸出したい」とも語っている。

長年、沖縄に通い続ける落合恵子さんは沖縄の基地問題にも関心があり、「新基地はいらないと、沖縄が声を大にして訴えている」「本土との溝を共感で乗り越えたい」という思いから「沖縄の辞書」を発表したという。落合さんは、詩について「平和な日本を守るための自分との約束」と語り、「共に歩かせてください」と述べている。

「ただ、出会っても自分には帰れる場所が東京にあり、沖縄の人はそのまま暮らす。そこに自責の念がある。沖縄を忘れてはならないと自分に確認し、約束するしかない」と言い、「傷め続けられてきた沖縄を防波堤にして、日本の安全や安定があるというのに」とも落合さんは話している。

詩を読んだ後、私が感じたのは、落合さんは自分の目で見たことを書いたと言うがそれは本当だろうかという疑問であった。落合さんは東京に住んでいて沖縄にはたまにしか来ない。沖縄の現実を自分の目で見るには限界がある。沖縄を自分の目で見たことよりも新聞や本などを読んで知ったことのほうが多いのではないだろうか。それは紙の上の沖縄であってリアルな沖縄ではない。

「沖縄の辞書」を書いたきっかけは2015年4月5日の翁長知事と菅官房長官が会談したことにあるという。会談は新聞等で発表した。落合さんは新聞を読んだりテレビニュースを見て会談の内容を知ったのだろう。

菅官房長官と翁長知事の会談の中心テーマは普天間飛行場の辺野古移設に関することであった。辺野古移設とは宜野湾市の人口密集地の中にある普天間飛行場を海と山に囲まれた辺野古崎に移すことである。新しく米軍基地をつくることではない。辺野古基地建設は普天間飛行場の移設であり、普天間飛行場の危険性をなくすかどうかの問題である。辺野古基地建設問題は人道問題であり、米軍基地問題とは違う。

菅官房長官は辺野古移設について翁長知事と会談するために沖縄に来た。そして、普天間飛行場の危険性を除去するのは辺野古移設が唯一の方法であると翁長知事に言った。ところが翁長知事は肝心な普天間飛行場移設問題から逃げた。翁長知事は知事になる前からずっと普天間飛行場の県外移設を主張してきた。仲井真知事が県外移設から辺野古移設容認に変更した時に仲井真知事を厳しく批判し、県外移設を通す自分をぶれない政治家として自画自賛をしていた。菅官房長官との会談で翁長知事は県外移設を要求するのが当然であった。しかし、翁長知事は県外移設を要求しなかった。県外移設を要求するべき相手と会えたというのに要求しなかったのである。なぜか。県外移設が実現不可能であることを翁長知事自身が知っていたからだ。翁長知事は県外移設ができないことを知っていながら県民に県外移設を実現しようと訴え続けてきたのである。なぜか。県外移設は県民の受けがいいからだ。翁長知事は県外移設は県民受けするから公約にしたのであって県外移設を実現するのを目的にはしていなかった。翁長知事は県外移設が不可能であることを知っていながら知事選挙に勝つために県外移設を主張してきたのだ。県外移設が不可能であることを知っていた翁長知事は菅官房長官に県外移設を要求することはできなかった。要求すれば県外移設は現実的ではないと反論される可能性があったからだ。普天間飛行場移設問題から逃げるために翁長知事は「粛々と」「民意を踏みにじって」、「痛みへの想像力を欠如させたまま」、「上から目線で」などと普天間飛行場問題とは関係のない、しかし県民や国民受けする歯の浮くような文言を列挙したのである。

２０１５年４月５日　ようやくやってきたひとが
何度も使った「粛々と」
沖縄の辞書に倣って　広辞苑も国語辞典も
その意味を書きかえなければならない
「民意を踏みにじって」、「痛みへの想像力を欠如させたまま」、「上から目線で」と

落合さんは翁長知事の言葉を無批判で引用している。翁長知事は会談が普天間飛行場問題になるのを避けて歯の浮くような文言を並べ立てたのに落合さんは気づかないのである。

菅官房長官は会談で普天間飛行場の危険を1日も早くなくすために辺野古移設を粛々と進めていると言った。それに対して翁長知事は上から目線であると菅官房長官を非難した。落合さんが翁長知事に同情する気持ちは分かる。私も地方の人間だから中央からやってきた菅官房長官の淡々とした冷たい言葉には反発する。しかし、中央からやってきた菅官房長官に反発したい気持ちはあるが、やみくもに反発することはできない。どちらが真剣に普天間飛行場について考えているか発言の内容を検討しなければならないからだ。

冷静に考えると、辺野古移設問題は沖縄対中央の問題ではない。また沖縄の米軍基地を撤去するしないの問題でもない。危険な普天間飛行場を安全な辺野古に移設するかしないかの人道的な問題である。淡々として話している菅官房長官の冷たい態度に反発はするが、普天間飛行場の危険性をなくすために辺野古に移設するという菅官房長官の言ったことは正論である。上から目線だと言ってまともな反論をしない翁長知事のほうがおかしい。翁長知事は普天飛行場の危険性除去について真剣に考えていない。沖縄の県知事としては失格である。

人口密集地のど真ん中にある普天間飛行場で飛行機が墜落したら多くの市民の命が失われる。実際に2004年8月13日に在日米軍（アメリカ海兵隊）のヘリコプターが沖縄国際大学に墜落した。飛行機墜落は架空の問題ではない。現実の問題である。飛行機の離着陸の騒音が普天間第二小学校の授業を中断するし、住民も騒音被害を受けている。米軍普天間飛行場の周辺住民約2100人が、米軍機による騒音で被害を受けたとして、那覇地裁沖縄支部は国に約7億5400万円の支払いを命じた。辺野古に移設すれば騒音被害はなくなる。

50年前から沖縄に関心がある落合さんなら普天間飛行場の危険性を知らないはずがない。沖縄国際大学にヘリコプターが墜落した事件を知らないはずがない。落合さんは普天間飛行場の被害に心を痛めたはずである。それならば辺野古移設に賛成すると思うのだが、落合さんは辺野古基地建設に反対している。詩には普天間飛行場の危険性のことは全然書いていない。落合さんは普天間飛行場問題に全く関心がなくなったのだろうか。

普天間飛行場をそのまま維持しながらの辺野古飛行場建設であるなら落合さんが反対するのは理解できる。しかし、辺野古飛行場は普天間飛行場を閉鎖・撤去するのが目的である。そのことを前提にしない限り辺野古移設問題を語れない。普天間飛行場のことを無視している落合さんの詩はおかしい。ヒューマニズムが欠けている。

落合さんは「新基地はいらないと、沖縄が声を大にして訴えている」と述べている。落合さんが辺野古飛行場建設は普天間飛行場を移設するためであることを知らないことはあり得ない。辺野古移設は普天間飛行場が危険だから移設しようということが始まりだった。辺野古海上に移すことから始まり、県外移設、国外移設などを検討した結果、最後に辺野古に移設することが決まった。つまり普天間飛行場の移設が問題の中心であった。そのことを落合さんが知らないはずはない。とすれば

「新基地はいらないと、沖縄が声を大にして訴えている」としても落合さん自身で普天間飛行場の危険性と辺野古基地新設の狭間で悩み考え自分の結論を出していくべきである。県民が声を大にしているからといって無批判に県民の声に迎合していくというのは詩人として取るべき態度ではない。それとも落合さんは熟慮した上で自立した詩人として新基地はいらないと思ったのだろうか。

そうであるならば、落合さんは普天間飛行場の危険性やヘリコプター墜落の事実に目を背けたのだと判断しなければならない。なぜ落合さんは宜野湾市民の騒音被害、命の危険性を軽視することができるのだろうか。詩は本当の気持ちを表現するものでなければならない。普天間飛行場の移設が目的であっても落合さんは本当に辺野古新基地はいらないと思っているのだろうか。宜野湾市民の命や人権を無視する落合さんは心の中で何が変わったのだろうか。

落合さんは大学生時代に初来県してから、毎年のように沖縄を訪れているという。50年近く沖縄を見てきた落合さんは、悲惨な沖縄戦を経てなお過重な基地負担に苦しむ沖縄と向き合い、国のあり方、平和について考えを深めていくという。落合さんが沖縄の米軍基地問題に強い関心があるのは理解するが、国のあり方について考えを深めていくのなら、危険な普天間飛行場を安全な辺野古に移設することは市民の安全を守ることであり、正しい国の在り方であると判断すべきではないだろうか。落合さんのいう国の在り方とはどんなものだろうか。分からない。(県民が声を大にしているといっても、それは紙面の上である。現実とはずれがある)。

心の奥に降り積もった　憤り　屈辱　慟哭（どうこく）
過ぎた日々に受けた差別の記憶を掻かき集めよ
それらすべてが　沖縄のひとりびとりに
いまもなお　存在するのだ

私は思わず顔をしかめてしまう。沖縄を勘違いしている。「差別の記憶」とはなんのことなんだろう。強制土地接収、基地騒音、戦闘機の墜落、米兵による婦女暴行、ひき逃げ、米軍が米兵の裁判をする等々のことを差別の記憶といっているのだろうか。それは本当に差別なのだろうか。

落合さんに話しても理解してくれないだろうが、実は、米軍基地があったおかげで沖縄は戦後７０年間平和であった。戦前に比べて生活ははるかに豊かになった。悲惨な戦争を体験したほとんどのおじいおばあは戦前に比べて戦後の沖縄は平和で豊かになったといっている。戦後の沖縄に感謝しているおじいおばあがどんなに多いことか。「米軍基地があるから戦争が起こると真っ先に沖縄が襲われる」と言うおじいおばあも居るが彼らのほとんどは共産党や社民党支持の革新派であり、反米主義思想家である。

沖縄の事実は戦後７０年間戦争がなく平和であったことである。人間は不幸を求めては生きていない。幸福を求めて生きている。沖縄の人口は終戦直後はわずか３

2万人であったが70年後の現在は140万人と4倍以上に増えた。戦前は60万人しか沖縄で生活することができなかったが現在は140万人である。沖縄に幸福があるから人口が増えたのである。沖縄に不幸が蔓延していたら人口は減っていただろう。しかし、沖縄の人口は戦前の2倍以上に増えた。沖縄の戦後の真実は平穏で生活が豊かになったことだ。だから人口は戦前より2倍以上に増えたのだ。
沖縄の米軍統治時代の人口推移である。
1945年（推計人口32万6千人）
1947年（推計人口53万7千人）
1960年　88万3千人
1970年　94万5千人
沖縄は赤土で土地は痩せている。毎年暴風がやってきて農業に甚大の被害をもたらす。戦前までの沖縄は極貧の歴史であった。飢えをしのぐために農民はソテツの実を食べた。それをソテツ地獄という。死ぬか生きるかの極貧の中で生まれたのが「命どぅ宝」の格言である。「命どぅ宝」は反戦平和の格言ではない。兎にも角にも生きることが大事だと、極貧の中で必死に生きようとした中から生まれた格言である。
戦前までは60万人以下の人間しか生活することはできなかった。ところが戦後の米軍統治時代は人口がどんどん増えていった。1945年の人口は32万だったのに1970年には94万になっている。わずか25年間で沖縄の人口は3倍に増えたのである。脅威的な人口増加は沖縄が平和であったこと、基地経済が多くの雇用を生み出したこと、それに米民政府がマラリアを撲滅し医療を発展させて人々の健康を改善し、経済発展に尽力したからである。

落合さんは沖縄の人々は差別され屈辱的な日々を送ったと詩に書いているが沖縄に生まれ育った私はそのような体験をしたことはなかった。米軍に差別されたことはなかったし差別された人を見たこともない。米国は民主主義国家である。米軍はシビリアンコントロールされた民主主義軍隊である。それに沖縄を統治したのは米軍ではない。米政府だ。だから米軍政府ではなく米民政府という。米民政府時代について調べれば調べるほど米軍が沖縄の民主化、経済発展に尽力していったことが分かる。

沖縄の人口はどんどん増え続け１４０万人以上になった。東京から沖縄に来た時は那覇空港に降りる。そして那覇市に入る。那覇市、浦添市、宜野湾市の経済発展は目覚ましく、人口は東京都なみに密集している。学生時代から沖縄に来た落合さんは沖縄の目覚ましい経済発展を目にしてきたはずである。でも、落合さんの頭の中には沖縄の目覚ましい経済発展はなく「差別の記憶」があるようだ。

落合さんは東京に住んでいる。東京から沖縄を見るということはマスコミの沖縄関連のニュースを見るということである。その積み重ねによって報道された沖縄を本当の沖縄だと信じるようになってしまったのではないだろうか。きっとそうだろう。沖縄の米軍基地関係の報道を見れば、沖縄は軍事植民地にされ、県民は米軍基地被害に悩まされていると感じてしまう。しかし、沖縄に住み、生活をすれば沖縄は平和でのどかであると感じる。マスコミ報道と日常生活には大きなギャップがある。政治家もマスコミも米軍基地による過重負担と言うが、なにを過重負担と言っているのか日常生活の中で思い当たることはない。

「国土面積の0・6%しかない沖縄県に在日米軍専用施設の74%があるんですよ」というと沖縄が米軍から大きな被害を受けているようにイメージしてしまうが、ほとんどの米軍施設は静かであり騒音を発しない。ただ、建物や荷物や車が並んでいるだけである。普天間飛行場、嘉手納飛行場は騒音被害があるがそれほどでもない。ホワイトビーチは勝連半島の先にあり、人家から遠く離れている。嘉手納飛行場より広い嘉手納弾薬庫は山と原野の中にぽつりぽつりと米軍施設があるだけだ。キャンプ・キンザ、キャンプ・コートニー、トリイ通信基地など多くの米軍基地は静かである。国頭にあるキャンプ・シュワブ、訓練場なども時々は騒音を発するが比較的静かである。落合さんは米軍基地の過重負担というが県民の生活に米軍基地が過重負担をかけていることはない。

テレビで横田基地の近くの住宅でインタビューしている番組を見たが、基地の騒音は沖縄で一番ひどい嘉手納飛行場よりひどいと感じた。騒音は横田基地のほうがひどいのではないだろうか。しかし、報道しないから沖縄のほうが騒音被害はひどいと思われている。

翁長知事、革新、マスコミが作り上げた紙の上の沖縄が落合さんの沖縄のようである。「国土面積の０・６％しかない沖縄県に在日米軍専用施設の７４％があるんですよ」は「専用施設」だけを対象にしたからである。自衛隊との供用施設を入れると沖縄の米軍基地は２２・７％である。７７・３％は本土である。共用施設を含めると北海道の米軍施設のほうが沖縄より大きい。沖縄の射撃訓練は北海道などに移し、沖縄の海兵隊が激しい射撃訓練をしている。嘉手納飛行場所属の戦闘機も北海道で訓練している。沖縄駐留の米軍は沖縄よりも本土で激しい訓練をしている。それが本当の事実である。７４％は沖縄に米軍基地が集中しているイメージをつくるための革新やマスコミがつくりあげたまやかしである。

まつげの長い　島の高校生は
レノンの歌のように静かに言った
「国土面積の０・６％しかない沖縄県に
在日米軍専用施設の７４％があるんですよ
わが家が勝手に占領され　自分たちは使えないなんて
選挙の結果を踏みにじるのが　民主主義ですか？
本土にとって沖縄とは？
本土にとって　わたしたちって何なんですか？」

真っ直すぐな瞳に　突然盛り上がった涙
息苦しくなって　わたしは海に目を逃がす
しかし　心は逃げられない

高校生は落合さんが自分の考えをもっともらしくするために作り上げた偶像である。高校生が専用と共用を使い分けることはできるはずがない。「わが家が勝手に占領され」と書いてあるが、米軍が家を勝手に占領した事実はない。１９５４年の伊佐浜の強制土地接収を例えているのかどうか知らないが、強制土地接収は１９６０年代からはなかった。「わが家が勝手に占領され　自分たちは使えないなんて」と嘘の話を高校生がでっちあげることはできるはずがない。このような高校生は沖縄には存在しない。詩に登場する高校生は落合さんの頭の中に存在する沖縄の高校生である。詩はまるで米軍が傍若無人であるように書いているが、それは事実と違う。

２０１５年４月５日　知事は言った
「沖縄県が自ら基地を提供したことはない」
そこで　「どくん！」と本土のわたしがうめく

沖縄に住んでいない落合さんだから翁長知事の歯の浮くような嘘の言葉に「うめ

く」ことはあると思う。しかし、沖縄の基地問題はそんな単純な問題ではない。沖縄に民主主義と豊かな生活をもたらしたのは沖縄の政治家ではなかった。米民政府であった。米民政府は米大統領の管理下にあったのであり、沖縄を統治したのは米政府であって米軍ではなかった。

沖縄の政治家は沖縄の現実を真剣に考えて言葉を発するのではなく、自分の都合のいいような言葉を発する。翁長知事がそうである。「沖縄県が自ら基地を提供したことはない」と翁長知事は言ったが、土地の強制接収は1950年代のことであり朝鮮戦争などアジアの共産主義と緊迫した状況があった。アジア情勢を考慮すれば簡単に「提供したことはない」と言えるものではない。それに、辺野古は米軍基地のお蔭で経済発展した。それをきっかけに金武町のように自ら米軍基地を誘致した地域も出てきた。翁長知事の発言は正しくない。しかし、落合さんは翁長知事に騙されていることを知らないで、「どくん」とするのである。沖縄問題を自分の目では見ないで紙の上の沖縄を見ているから「どくん」とするのである。

ひとつ屋根の下で暮らす家族のひとりに隠れて
他の家族みんなで　うまいもんを食らう
その卑しさが　その醜悪さが　わたしをうちのめす

落合さんは本気でそのように思っているのだろうか。沖縄は米軍基地があるゆえに悲惨な生活を送っていていてかわいそうだ。沖縄は米軍に弾圧され貧しく不幸だと落合さんは本気で思っているのだろうか。落合さんには経済が発展している沖縄は目に見えないのだろうか。沖縄に住んでいる私でさえ嘉手納飛行場以南の宜野湾市、浦添市、那覇市、豊見城市の経済発展ぶりには仰天している。沖縄には娯楽施設は多いしうまいもんも一杯ある。ところが落合さんは、「それなのに私は平和で豊かな東京に住んでいる」と述べ他の家族みんなで　うまいもんを食らうことを落合さんは卑しいと自分を責めている。自分を卑しいと思うのは「沖縄は不幸だ」と信じ込んでいることの裏返しである。落合さんは沖縄不幸妄想という病気に罹っているようだ。

沖縄の人口は１９４５年３２万人から２０１６年度１４３万人に増えた。４倍近い。私は落合さんに言いたい。沖縄は不幸ではない。決して決して不幸ではない。６８年間沖縄で生きてきた私はそう確信している。不幸な沖縄であったら人口が３２万人から１４３万人に増えるはずがない。

子供の頃、家の近くに貸家がつくられ，アメリカ兵と沖縄女性のカップルが住んだ。１９６０年ころのことである。カップルは白昼堂々と一緒に歩いていた。男と女が二人で歩くのは卑しく思われていた時代であり、沖縄の若い男女が一緒に歩いているのを見ることはなかった時代である。２人は友達のようであり、女性はいつも楽しそうであった。男と女の上下関係は感じられなかった。沖縄の女性差別社会を嫌い、自由を甘受できる米兵との恋に走った沖縄女性は多かった。膚で感じる自由、平等、民主主義は米兵にはあったが沖縄人にはなかった。基地被害はあったが自由、平等、民主主義の思想を沖縄に広めたのは米兵であったのは事実である。

東京に住んでいる落合さんは東京と沖縄を比較するだろう。沖縄に住んでいる私は戦前の沖縄と戦後の沖縄を比較する。大人から聞いた戦前の沖縄はとても貧しかった。女の子は辻(遊郭)売り、男の子は糸満(漁師)売りが戦前まであったという。貧しいゆえに屈折した思想、差別が沖縄にはあった。戦後は基地のお蔭で経済は発展した。戦前に比べて生活は豊かになった。しかし、沖縄の思想や差別は戦後も根強く残った。落合さんは復帰するまで沖縄では売春が公認されていたことを知っているだろうか。本土では売春禁止法は1957年に施行されたが、沖縄では売春禁止法は復帰するまで施行されなかった。売春が公認されていたのは米民政府が統治していたのが原因ではない。米兵相手の売春宿をつくるのを米民政府が禁止したことを落合さんは知っていないと思う。米国は売春を禁止している。だから、米民政府も米兵相手の売春は禁止していたし米兵相手の売春宿はなかった。米兵相手の売春はAサインバーで働く女性やコールガールがホテルを利用していた。

沖縄に関する法律を制定するのは琉球立法院であった。琉球立法院が売春禁止法を制定しなかったのだ。だから、沖縄では売春は戦前のように公認されていた。復帰して自動的に売春禁止法が施行されたが、復帰していなかったら現在も売春禁止法はなかったかもしれない。それが沖縄の政治である。

落合さんは沖縄の米軍基地のある沖縄を東京から見て、沖縄は米軍支配に苦しめられているだろうと思っている。沖縄の嘉手納米軍基地の隣に住んでいる私は米軍基地の功罪を直視する。米軍が沖縄に与えてくれた功の大きさを認識する。

東京から沖縄だけを見る落合さんと違って、沖縄に居る私は沖縄からアジアも見る。落合さんは「傷め続けられてきた沖縄を防波堤にして、日本の安全や安定があるというのに」と沖縄が痛め続けられてきたと思っているがそれは間違っているし、沖縄の米軍基地は日本の防波堤になっていると思っているのも間違っている。日本の防波堤になっているのはむしろ自衛隊である。中国軍機が沖縄の日本領空に侵入した時にスクランブルをかけるのは自衛隊機である。米軍機ではない。日本には２２万人の自衛隊員がいる。自衛隊が日本の防波堤になっている。沖縄の米軍基地が日本の防波堤になっていると考えるのは間違っている。沖縄が日本の防波堤になっているというのも間違っている。

現代の戦争は７０年前の戦争のような兵士同士の肉弾戦ではない。ミサイル戦である。もし、中国と戦争になったら一気に九州から北海道までミサイルが飛んでくるだろう。現代戦争に沖縄戦のような肉弾戦はない。沖縄が防波堤になっているというのは間違っている。沖縄はアジアの扇の要の位置にある。韓国、台湾、フィリピンなどに非常事態が起こった時米軍機が沖縄から飛び立つ。沖縄の米軍基地はアジアの民主主義国家の防波堤であるというのが正しい。

落合さんは沖縄は過重な基地負担に苦しんでいると思い込んでいるから、沖縄の米軍基地のアジアにおける働きを見ることができない。沖縄がかわいそうだと思いこんでいるから米軍がアジアの平和を守っていることを認識することができない。韓国に北朝鮮が侵略した時、嘉手納飛行場からすぐに戦闘機が韓国に飛び立つ、オスプレイも飛び立つ。中国が台湾に侵略した時も同じだ。そのような体制を取っているから北朝鮮も中国も侵略をしなかったのだ。

フィリピン軍と一緒にミンダナオ島のイスラム原理主義ゲリラと戦ったのも米軍である。現在、中国が南沙諸島周辺で埋め立て作業しているのをけん制しているのも米軍である。もし米軍がいなかったら中国はフィリピンの領土にもっと侵略していただろう。米軍はアジアの民主主義国家を守っている。東京から沖縄だけを見る落合さんには見えないことが沖縄からアジアを見る私には見える。

東京から沖縄を見る落合さんの情報は沖縄二紙や本土のマスコミ報道に頼る。沖縄県知事選で翁長知事が当選した。だから落合さんにとって翁長知事の主張が本当であり、民意である。「民意を無視して政治に何が可能なの。民意を聞こうよ」と語り、「書き続けないといけない」と落合さんは言う。翁長知事の「民意を踏みにじって」、「痛みへの想像力を欠如させたまま」、「上から目線で」をそうだそうだと受け入れる。東京の報道世界に埋もれて生きている落合さんは報道の川の流れに身を任せているから、「あれ、辺野古移設が駄目だったら普天間飛行場はどうなるのだろう」と立ち止まり、疑問を持つ能力を失っている。落合さんは覚悟を込めた詩『沖縄の辞書』を書いたが、落合さんが覚悟を込めた詩といっても、結局は紙の上の報道の流れに流されたまま適当に他人の言葉を寄せ集めた詩でしかない。真実とはかけ離れた詩である。

落合さんの詩は安易に他人の言葉を受け入れている。落合さんは沖縄を素直な目ではなく先入観で見ている。紙の上の沖縄を本当の沖縄だと勘違いしている。落合さんは「沖縄の辞書」を覚悟の詩というが、紙のように軽くて安直な詩である。沖縄を安直に捻じ曲げた落合さんの詩が多くの人に読まれ、沖縄を誤解してしまうのは残念である。

だからわたしは　自分と約束する
あの島の子どもたちに
若者にも　おばあにもおじいにも
共に歩かせてください　祈りと抵抗の時を

落合さんが一緒に歩もうとしているのは沖縄の子供たちではなく、若者でもなく、おばあでもなくおじいでもない。反米主義、日米安保廃棄を掲げている社会主義の革新の人たちである。

落合さんは大学生時代に初来県してから、毎年のように訪れているという。落合さんは悲惨な沖縄戦を経てなお過重な基地負担に苦しむ沖縄と向き合い、国のあり方、平和について考えを深めてきたという。落合さんは出会っても自分には帰れる場所が東京にあり、沖縄の人はそのまま暮らす。そこに自責の念がある。「沖縄を忘れてはならないと自分に確認し、約束するしかない」と述べている。

数年前に東京に行った。私が思わず苦笑したのは駅の様子であった。多くの人間が早足で軍隊のように一糸乱れずに歩いているのだ。沖縄の人間の二倍近い速さで歩いている。私はどんどん追い抜かれていった。沖縄でのんびり生活している私には川の激流を思わせた。「そんなに急いでどこへ行く」と思わず言いたくなった。しかし、その内に流れに巻き込まれて私も早足になっていた。

翌朝、ホテルから眼下の道路を見下ろすと清掃車が止まっていてゴミ袋を回収していた。その様子を見て驚いた。歩くのが早いのだ。足が速いのは通勤だけではなく仕事の時も早い。日常的に東京の人は沖縄の人より二倍近く早く動き、合理的で無駄がない。だから、東京の政治、経済、文化などのあらゆる面で進歩が速いのかも知れないなと私は思ったものだ。

沖縄に帰って来て、モノレールに乗るとＢＧＭから「お菓子御殿の・・・・・」とお菓子御殿のコマーシャルソングが流れてきた。本土の音楽にはないのんびりとした歌を聞いた瞬間に「ああ、ここは沖縄だ。東京とは違う」とふわーっとした心になり、懐かしい気持ちが湧いてきた。東京は緊張した空気に包まれている。沖縄はのんびりとした空気に包まれている。落合さんは出会っても自分には帰れる場所が東京にあるといい、沖縄より東京の方がいいと思っているようだが、沖縄に住むことは不幸だと思っているようだが、そうでもない。沖縄も幸福に包まれた島である。私に帰れる場所は沖縄である。

沖縄は１９４５年の人口は　３２万だったのに２０１６年には１４３万人の４倍以上の人口になった。本土から多くの人が沖縄に移住してきたからこんなに増えたのだ。沖縄は暮らしやすいところなのだ。「自分には帰れる場所が東京にあり、沖縄の人はそのまま暮らす」と沖縄を憐れむのは、落合さんが米軍基地のために沖縄は不幸な目に合っているという妄想に陥っているからだ。もっと素直な目で沖縄を見てほしい。

東京で生まれ育った女性が沖縄の男性と結婚して沖縄で暮らすようになった。しかし、離婚をした。彼女は生命保険の勧誘員をしながら二人の子供を育てていた。勧誘員の仕事では生活が苦しいので私が通っているスナックでパートをしていた。彼女はネーネーズの「黄金の花」が大好きだった。「黄金で心を汚さないで　黄金の花はいつか散る」「黄金で心を捨てないで　本当の花をさかせてね」の詞が彼女は好きだった。お金のほうが大事だと私が冗談で言うと私を睨み、お金より心が大事であると私を説教した。大真面目にだ。彼女は東京より沖縄が好きといって親兄弟の住んでいる東京には帰らなかった。彼女は彼女の幸せのために沖縄に住むことを選んだ。彼女以外にも沖縄が好きだと言って移り住んだ人は大勢いる。落合さん。「自分には帰れる場所が東京にあり」は沖縄を差別しているよ。沖縄が好きで沖縄に住んでいる人を侮辱していることを自覚してほしい。

なぜ落合さんの帰れる場所が東京なのか。東京以外の地ではないのか。落合さんが東京に住んでいるから・・・いや、違う。日本の中心地大都会東京、富が集中している東京だから「自分には帰れる場所が東京にあり」と書いたのだ。島根県の過疎地に住んでいても「自分には帰れる場所が島根にあり」と落合さんは書いただろうか。もし、奄美に住んでいたら「自分には帰れる場所が奄美にあり」と書いただろうか。戦後の奄美は人口が3分1近くにまで減少している。奄美から多くの人が沖縄に移住した。それでも「自分には帰れる場所が奄美にあり」と書いただろうか。

東京の奢りを生きている落合さんの「沖縄の辞書」には、翁長知事やマスコミがつくり上げた紙の上の沖縄だけがある。

「沖縄の辞書」は沖縄の真実を捻じ曲げた。
「沖縄の辞書」は辺野古の真実を捻じ曲げた。
「沖縄の辞書」は沖縄の真実のひとかけらさえない。

佐藤優は沖縄人ではない

佐藤優氏はロシア大使館、国際分析第一課で情報活動に従事したインテリジェンスの第一人者である。元外務事務官という経験を基にした歯に衣着せぬ評論は鋭い。内外の注目を集めている佐藤氏はネットで佐藤優直伝「インテリジェンスの教室」を有料で配信している。「インテリジェンスの教室」は「公開情報を分析することで真実が見えるというプロ中のプロが、国際ニュースの読み解き方を明かす」を売りにしている。佐藤氏は情報を分析して真実を明らかにするプロである。

佐藤氏は毎週土曜日に琉球新報にコラム「佐藤優のウチナー評論」を掲載している。連載は2008年1月から始まっているから今年で7年目である。連載開始前のインタビューで佐藤氏は「全く異質な文化圏の沖縄が日本の中にあるということは、日本が多元性、寛容性を持つためにすごく重要だ」と語っていたが、今年の5月17日の県民大会では「この数年間で私のアイデンティティは変化した」と述べ、「(私の)ルーツは沖縄だから、沖縄系日本人と思っていたんだけども、今は違うんです。日本系沖縄人だと思っている」と自分は沖縄人であると語っている。県民大会では、

「ハイサイグスーヨー。チューウガナビラ。ワンネー佐藤優ヤイビーン」

とウチナー語で挨拶をした。

佐藤氏が沖縄人であることを根拠にしているのは母親が沖縄人であることである。佐藤氏の母親は久米島の出身である。久米島出身の母親と本土の父親の間に佐藤氏は生まれた。つまり佐藤氏の血は半分は沖縄の血であり半分は日本の血である。佐

藤氏は半分日本人であり半分沖縄人であるが、本土で生まれ育った自分を佐藤氏は沖縄系の日本人だと思っていた。しかし、現在は沖縄系の日本人ではなく日本系の沖縄人であると佐藤氏は言う。佐藤氏が日本系沖縄人と言った時、大拍手であった。日本系沖縄人だと思うことはどういうことであるかというと、沖縄か日本かどっちかを選べと言ったら文句なしに沖縄を選ぶということであると佐藤氏は話している。

佐藤氏は沖縄系日本人から日本人系沖縄人になったというが、半分は日本人であり半分は沖縄人であることに変わりはない。気の持ち方で日本人になったり沖縄人になったりするのが左藤氏である。そんな佐藤氏は本当に沖縄人と言えるのだろうか。

琉球新報の「ウチナー評論」では、「我々沖縄人は」と完全に沖縄人に成りきっている。なにを基準にして沖縄人であるか否かを決めるのだろうか。

佐藤氏が沖縄人であることにこだわっているのは琉球は昔は琉球王国という独立国であったから沖縄の政治は琉球民族によって決めるべきであるという琉球独立論に傾倒しているからである。国連人権理事会は沖縄を「先住民」として認めている。先住民の定義は、言語などの文化的特性を維持し、迫害・差別の経験があることなどが要件であり、沖縄はその要件を満たしているというのである。先住民には自己決定権があるというのが国連人権理事会の考えである。

琉球独立論は居酒屋論議と呼ばれていた。酒を飲んで非現実的な話を酔いに任せて語り合って楽しむというのが琉球独立論であった。ところが数年前に「脱軍事基地、脱植民地化」をテーマにしたシンポジウムが開催されたことがきっかけに、日本国民などの多数派が琉球の方向性を一方的に決めている現状をあらためて確認し、2013年5月に琉球独立学会が設立された。

「沖縄で繰り広げられている問題を解決するには独立しかない」と琉球独立学会は主張し、居酒屋談義が学会談義になったのである。そして、「独自の民族として、平和に生きることができる『甘世』(あまゆー)を実現させたい」と琉球民族による自己決定権を行使した基地のない島を目指した。琉球独立論は反米軍主義であり反保守の革新の政治家、学者、運動家たちが賛同した。沖縄タイムスと琉球新報も賛同した。佐藤氏も賛同している。

沖縄はかつて琉球国であり独立国家であった。琉球の島々に民族的ルーツを持つ琉球民族は独自の民族であった。ところが1879年の明治政府によって琉球国は併合された。以降、現在にいたるまで琉球は日本そして米国の植民地となり、日米両政府による差別、搾取、支配の対象となってきたというのが琉球独立論者の主張である。

琉球併合というのは廃藩置県のことである。琉球王国は処分されて、明治政府に廃合された。しかし、廃合されたといっても琉球国の身分制度を廃止し、沖縄は四民平等の社会になり、日本の一員としての沖縄県になったのである。沖縄は鹿児島県とか広島県と同じように日本の一部になった。沖縄が日本の植民地になったわけではない。もし、沖縄が植民地にされたというなら他の県も植民地であったということになる。しかし、日本の憲法と法律は他の県と同じように沖縄県にも適用されたのだから沖縄は植民地ではなかった。廃藩置県以降の沖縄は四民平等の社会になり琉球王朝が沖縄の支配者ではなくなったのである。いわゆる沖縄の近代化の始まりが廃藩置県である。それを琉球独立論者は琉球処分といい、搾取と差別の始まりだというのである。

琉球独立論者は戦後の沖縄は日本そして米国の植民地であると主張しているが、それは間違っている。沖縄は日米両政府に搾取されたとも述べているがそれも違う。現実は逆である。７０年前に沖縄は戦場になった。焼け野原の戦後の沖縄は金はないし生産する能力も失っていた。沖縄の貧困を救ったのは戦勝国の米国であった。米国の莫大な援助があったから沖縄の人々は生きることができたのである。飢えた子供たちに食事を与え病気を治療したのは米軍であった。マラリアなどの病気を撲滅したのも米軍の医療班であった。戦後の沖縄は日米両政府に搾取されたのではなく援助されたのである。

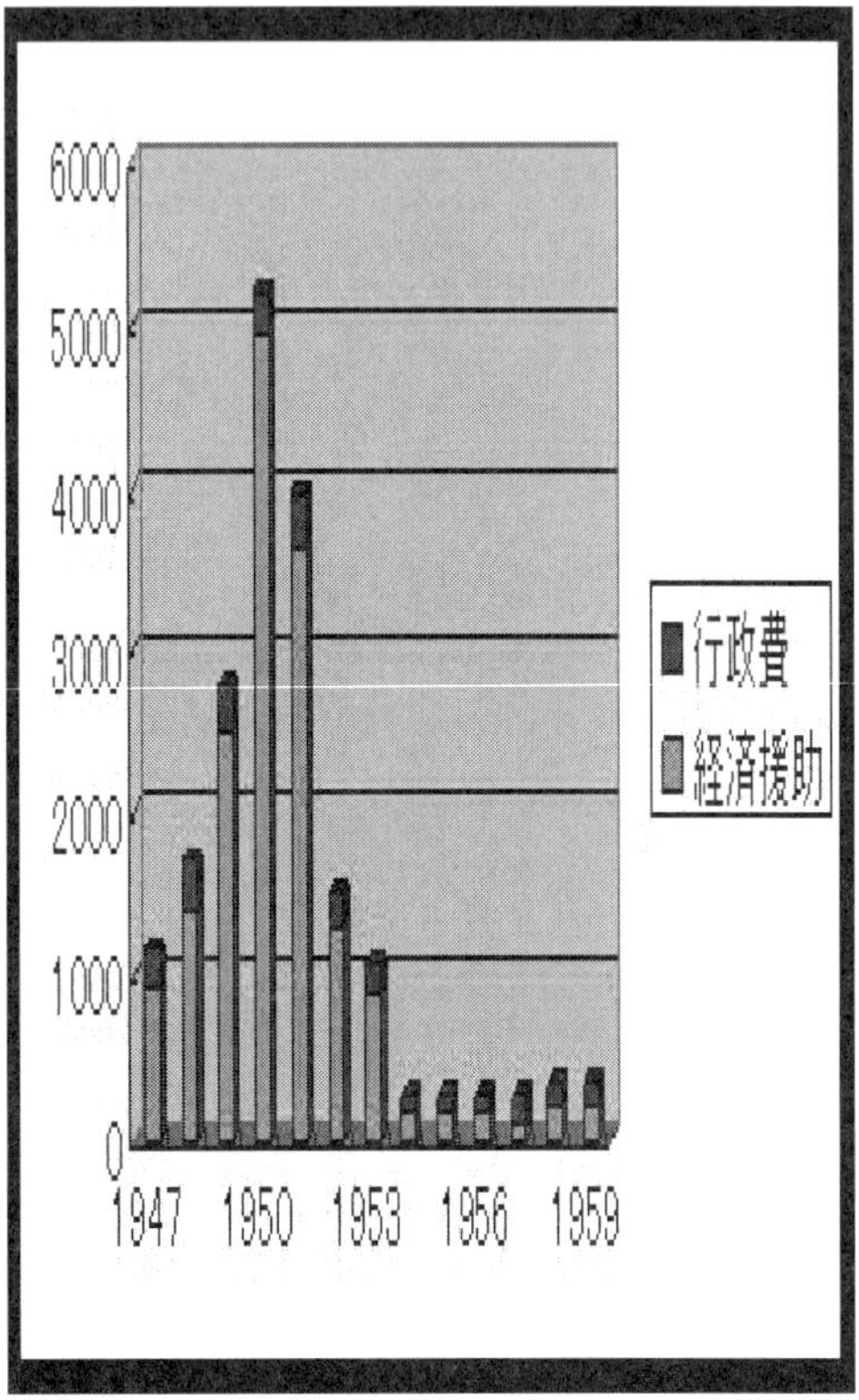

米国は戦勝国であり沖縄は敗戦県である。普通なら琉球独立学会のいう通り、米国が沖縄を搾取して当然である。ところが米国は搾取をしないで援助をしたのだ。米国は民主主義国家であり世界一位の経済大国であった。沖縄の人たちが人並みに生活できるために米国は米国の富を分け与えたのである。

１９５６年から援助が落ちている。それには理由がある。終戦から8年が経過した沖縄はいつまでも米国の援助に頼るべきではない。沖縄は米国に頼らないで自分の力でやっていくべきであるという考えから援助を減らした。しかし、沖縄には米国が期待するほどの自治能力はなかった。そのことを知った米国は再び援助を増やしていく。米国は援助を増やしただけではなかった。沖縄の自治能力を高める計画も立てた。いわゆる政治と経済の改革である。その任務を担ったのがキャラウェイ高等弁務官であった。「沖縄の自治は神話である」と言い、沖縄に一番嫌われた高等弁務官である。

キャラウェイ高等弁務官になってから経済援助は増加した。

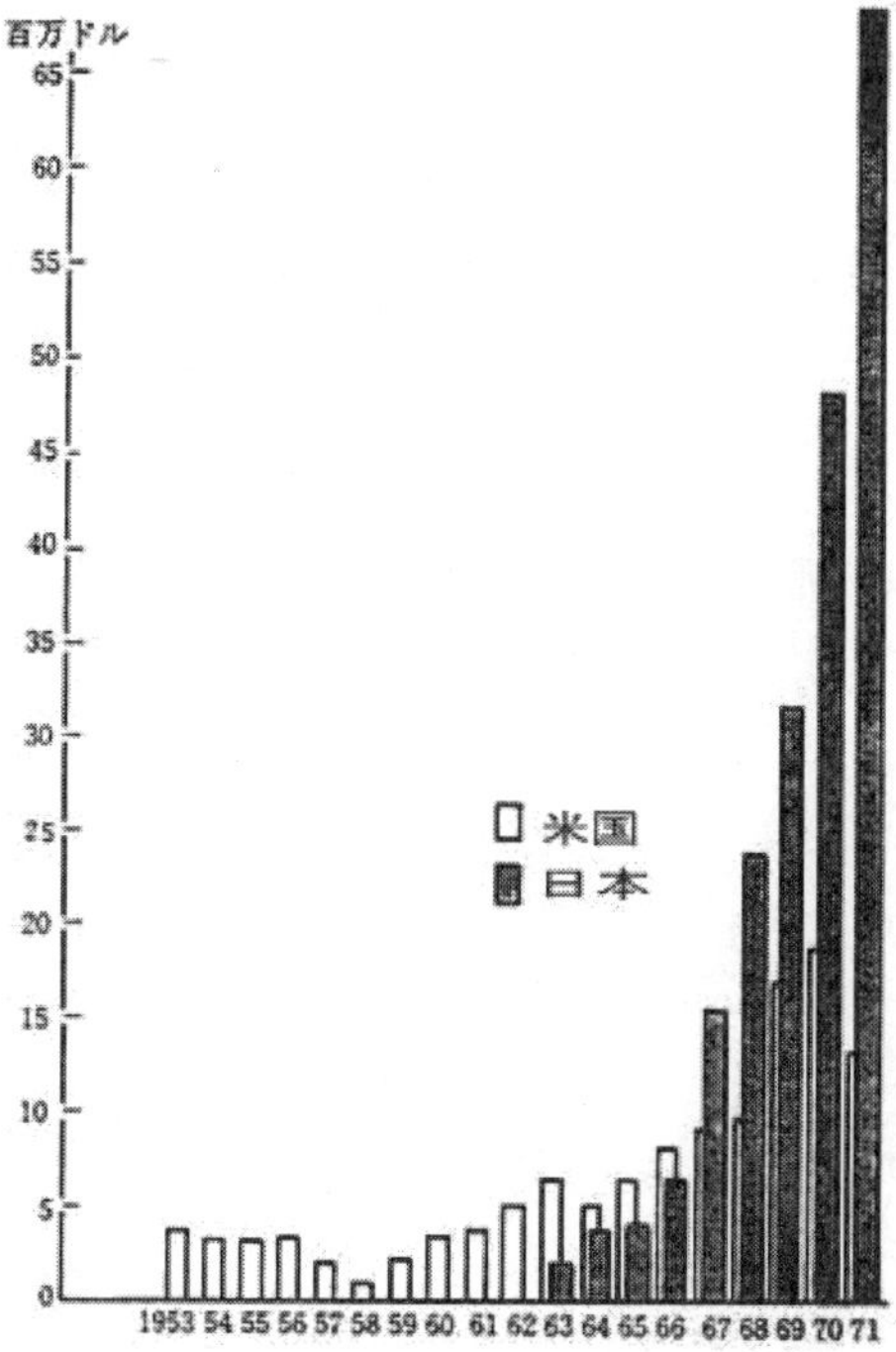

１９６３年からは米国だけでなく日本政府も援助をするようになり、表で分かるように日本政府の援助は急激に増えていった。経済から見た場合、沖縄が日米政府

に搾取されているというのは間違っていることが歴然としている。

私は読谷村に住んでいる。健康保険税を払っているから病院の医療費は安い。健康保険税は国民の義務であり、他の市町村の人も払っている。保険税は年収によって決まるがそれぞれの市町村で納める割合は違う。それは市町村議会がそれぞれに決める。

私たちは市・町・村民税を払う。県民税も払う。そして国税も払う。私たちが払う税金の使い道は市・町・村議会、県議会そして国会で決める。

日本は議会制民主主義国家であり、国会、都道府県議会、市町村議会は選挙に選ばれた議員で構成され、政治を行っている。国の政治は国会、都道府県の政治は都道府県議会、市町村の政治は市町村議会が担い、政治の分業で日本国家は成り立っている。日本は国会、都道府県議会、市町村議会に政治は分業化されている。沖縄県は日本政府に支配されているというのは間違っている。

琉球独立学会は議会民主主義国家を理解していないから沖縄は日本政府に支配されているという錯覚をしているのである。沖縄は日米政府に搾取はされていないし、差別もされていないし支配もされていない。しかし、琉球独立学会は搾取され差別され支配されていると主張するのである。そして、琉球民族が独自の民族として平和・自由・平等に生きることができるためには琉球の独立しかないというのである。まるで、琉球王国時代こそが平和・自由・平等に生きることができたような主張である。しかし、琉球王国時代で自由であったのは支配者である武士階級だけであった。農民は搾取され支配され自由はなかった。農民は生まれた村から移動することはできなかったし、砂糖を生産してもそれは支配者のものとなり農民は砂糖を舐めることさえ許されなかった。農民が自由になったのは廃藩置県によって沖縄県になってからである。

議会制民主主義社会である沖縄に住みながら、日米政府に搾取され差別され支配され自由がないと感じるのは琉球王国時代の武士階級の気持ちでいるからである。自分が沖縄の支配者になりたいからである。沖縄を自分の思うように動かせない支配者意識が琉球独立論の根にある。

琉球独立論者は、琉球民族が独自の民族として平和・自由・平等に生きることができる「甘世（あまゆー）」を実現させるためには琉球独立しかないと考えているが、議会制民主主義を理解していない彼らが平和・自由・平等な社会をつくれるとは信じられない。

佐藤氏は琉球独立論支持者であり、自分は沖縄人であると主張している。「ウチナー評論」では「われわれ沖縄人は」という言葉をよく使う。佐藤氏は、「沖縄に思いがあって沖縄に移住してきた人も沖縄人だ」と述べている。それは佐藤氏が決めた沖縄人の基準である。佐藤氏のいう沖縄人は沖縄の琉球民族主義者のいう沖縄人ではない。琉球民族主義者が主張している沖縄人は昔の琉球王国時代の琉球人が琉球民族であり沖縄人である。だから、琉球王国時代の血を継いでいなければ琉球民族ではないし沖縄人ではない。佐藤氏のいう「沖縄に思いがあって沖縄に移住してきた人」は沖縄人ではない。沖縄人であるか否かは思想ではなく血統で決まるからだ。そのことは琉球独立学会で説明しているし、琉球独立に賛成していても琉球民族でない人間は琉球独立学会に入れないと断言している。

佐藤氏のように母親が沖縄人である場合琉球民族＝沖縄人であるだろうか。そのことについては琉球独立学会は明確な説明をしていない。佐藤氏が沖縄人であるかどうかを検討してみよう。

琉球民族が単独の民族であるなら、日本民族は当然他民族である。ネットで日本列島、朝鮮半島、南洋諸島等の民族を調べるとウィルタ族、ニヴヒ族、アイヌ民族、大和民族、朝鮮・韓民族、琉球民族、高山・高沙民族、チャモロ族、カナカ族、パラオ族、その他ロシア・アメリカ系白人等とある。日本民族は大和民族である。

佐藤氏は大和民族と琉球民族の混血民族ということになるが、そのような佐藤氏を沖縄人つまり琉球民族として認めるならば、他の民族との混血も沖縄人として認めなければならないということになる。白人系や黒人系の民族との混血も琉球民族であることになる。日本人系沖縄人を琉球民族として認めるのであれば白人系沖縄人、黒人系沖縄人も琉球民族として認めなければならないというわけだ。それでは琉球王国時代からの系統としての琉球民族からはかけ離れてしまう。不純な琉球民族になってしまう。
琉球の独立を目指す琉球民族主義者が白人系沖縄人、黒人系沖縄人を琉球民族として認めるとは考えられない。白人系沖縄人、黒人系沖縄人と日本人系沖縄人は民族学的には混血民族として同じである。そうであるならば日本人系沖縄人の佐藤氏は琉球民族と認めるわけにはいかない。琉球独立を目指す琉球民族主義者にとって佐藤氏は沖縄人ではないということになる。佐藤氏は自称沖縄人であって、本当の沖縄人ではない。偽沖縄人である。

琉球独立は琉球民族による独立を目指しているのであり、沖縄に住んでいる人々による沖縄独立とは違う。琉球民族にこだわらない沖縄独立であるならば沖縄に住んでいる人はみんな沖縄人であると言えるが、琉球独立は沖縄に住んでいる琉球民族が自由になるための独立であるから沖縄に住んでいるからと言って沖縄人であるとは言えない。琉球独立国では琉球民族以外の人たちは沖縄人ではない。

佐藤氏は沖縄系日本人であったが最近は日本系沖縄人になったと言っている。佐藤氏は気分次第で日本人になったり沖縄人になったりする。昨日は日本人だったが今日は沖縄人、明日は日本人になるかもというのが佐藤氏である。沖縄人を自称する佐藤氏は「沖縄は過去も沖縄人のものであり、現在も沖縄人のものであり、そして未来も沖縄人のものである」と述べている。佐藤氏は沖縄に住む人々を沖縄人と呼んでいる。しかし、琉球民族主義者はそうではない。沖縄に住んでいる人の中の琉球民族だけを沖縄人と呼んでいる。だから、「沖縄は過去も琉球民族のものであり、現在も琉球民族のものであり、そして未来も琉球民族のものである」と主張しているのだ。佐藤氏の主張とは違う。

佐藤氏と琉球民族主義者とは考えが違うのである。彼らにとって佐藤氏は琉球民族ではないし沖縄人ではないのである。

そもそも、佐藤氏が沖縄人であることにこだわるのはなぜだろう。２００８年に「ウチナー評論」を始めたころは沖縄について本土とは異質な文化圏を持っている存在であると言い、沖縄は日本の多様性の一部と見て、日本人として日本の一部である沖縄を観察の対象としていた。ところが現在の佐藤氏は「この数年間で私のアイデンティティは変化した」と述べ、自分が沖縄人であることにこだわっている。この数年間で沖縄になにが起こったのだろう。なにが佐藤氏のアイデンティティを変えたのだろうか。原因はどうであれ、左藤氏が沖縄人でないのは確実である。

沖縄アニミズム信奉者になった佐藤優

ハイサイグスーヨー。チューウガナビラ。ワンネー佐藤優ヤイビーン。佐藤優です。

この数年間で私のアイデンティティは変化した。元々外務省の官僚をやっていたでしょう。国会意識が強かったです。ただルーツは沖縄だから、沖縄系日本人と思っていたたんだけども、今は違うんです。日本系沖縄人だと思っている。どういうことか。沖縄か日本かどっちかを選べと言ったら文句なしに沖縄を選ぶということです。今この場に何人集まったかということをみんな気にしているでしょう。僕はあんまり気になんないです。むしろニライカナイとかオボツカグラとかあそこから祖霊がたくさん来ているから、数えきれないほどのウチナーンチュのマブイが集まっている。

「佐藤優演説」

佐藤優氏が２０１５年5月１７日「戦後７０年　止めよう辺野古新基地建設！」沖縄県民大会の壇上で述べた最初の口上である。ウチナー口で挨拶するのは愛嬌がありり沖縄県民は親しみが湧いただろう。沖縄系日本人から日本人系沖縄人だと思うようになったというのも県民との距離感をなくす効果がある。しかし、ニライカナイやオボツカグラから多くの祖霊がやってきて、数えきれないほどのウチナーンチュのマブイが集まっているというのはどうだろうか。無数の沖縄の先祖の霊が政治集会に集まってくるのである。私は佐藤氏の祖霊の話に唖然とした。

子供の頃、海の彼方にニライカナイがあると母親に教えられたが、私はニライカナイの存在を信じることができなかった。

界。

ニライカナイ

沖縄県や鹿児島県奄美群島の各地に伝わる他界概念のひとつ。

遥か遠い東（辰巳の方角）の海の彼方、または海の底、地の底にあるとされる異界。

豊穣や生命の源であり、神界でもある。年初にはニライカナイから神がやってきて豊穣をもたらし、年末にまた帰るとされる。また、生者の魂もニライカナイより来て、死者の魂はニライカナイに去ると考えられている。琉球では死後7代して死者の魂は親族の守護神になるという考えが信仰されており、後生（ぐそー：あの世）であるニライカナイは、祖霊が守護神へと生まれ変わる場所、つまり祖霊神が生まれる場所でもあった。

ニライカナイというのは、東の海の彼方にはアメリカ大陸があること、地球は球であることを知らない昔の琉球人が想像した世界である。

オボツカグラ

沖縄における天空異界の観念。

オボツカグラとは縦の社会を示し、海の向こう（横方向）の異界であるニライカナイとはまた別の異界である。縦の社会は権力を示し、君真物を頂点とした古代琉球王朝の信仰形態の数少ない資料になっている。そしてニライカナイの方が有名になってしまい、その影に隠れてしまった可哀想な異界でもある。

ニライカナイと同様にその意味は真ん中で二つに分かれ、オボツは天上を示し、カグラは神のいる場所を示す。これにより、カグラは本来、神楽ではなく神の座（くら）、神座（かぐら）の意味が正しいことが分かる。このあたり、琉球言語と本島言語が混ざっているのが見て取れる。

私がオボツカグラを知らないのは母親や大人がオボツカグラについて話さなかったからである。母親もオボツカグラは知らなかったと思う。勉強家の佐藤氏は古代の琉球王朝時代の文化や宗教を調べてオボツカグラを知ったのであろう。沖縄の歴史を調べ上げた佐藤氏は私よりも沖縄のことを知っている。その意味ではすごいと思う。

しかし、沖縄で育った私は沖縄の古い因習や宗教との精神的な葛藤があった。佐藤氏のように沖縄の昔について勉強はしなかったが、昔からあり続け戦後も沖縄に存在している因習や宗教は大人から教えられたし私の生活に影響した。

私は長男であったから先祖や仏壇にまつわる教えや、ぐそう(あの世)の話や火の神など神についても教えられた。最初は教えを信じていたが高校生になる頃には信じないで否定するようになっていた。ただ、自分の考えを大人たちに主張するのではなく、沖縄の神々の否定は心の中に押しとどめていた。沖縄で育っていない佐藤氏は沖縄の歴史を勉強し、昔の沖縄にはニライカナイやオボツカグラ信教があったことを知り、今もその信教が沖縄の人々にあると思って、県民大会でニライカナイやオボツカグラから先祖の霊がやってきたと述べたのである。そして、無数の先祖の霊が県民大会を応援していると述べたのである。笑ってしまう話である。

県民大会は辺野古基地建設反対が目的の大会であった。そして、「沖縄は過去も沖縄人のものであり、現在も沖縄人のものであり、そして未来も沖縄人のものである」と主張し、沖縄には民族自決権があることを主張し琉球独立をも目指している大会でもあった。そのような県民大会を祖先の霊が支持しているというのが佐藤氏である。本当に祖先の霊は琉球独立も視野に入れている県民大会を応援しているだろうか。明治政府による琉球処分が沖縄差別の始まりであると佐藤氏は述べているが、霊の心を知るには琉球王朝を知る必要がある。大城立裕氏の小説・琉球処分は琉球処分の時の沖縄の様子をリアルに描いた小説である。小説・琉球処分は1968年に出版されたが、1959年に琉球新報に連載された小説である。

小説・琉球処分は、明治五年五月に、明治政府から派遣された三人の男が浦添間切沢岻村から内間村へ向けて歩いている様子から始まっている。三人は沖縄の現状について調べていた。

断髪の二人は、沢岻村を出る頃から、議論を続けていた。

「七日間をつぶしてこの島の百姓の生活を見てきてその疲弊ぶりに舌をまいた君が、やはりそのようなことしか言わないのか、ぼくとしては納得いきかねる」

・・・・・・

「確かに貧乏には驚きます。何か腹立たしいものも感じます。だからといって、それをすべてわが責任であるかのように、苦しむいわれはないと思うだけです。正月二十五日にこの島へ来てからずっと、首里の政庁でも調べたではありませんか。なるほど島津が琉球を収奪した。しかし、琉球の百姓をしばりあげたのは、島津が直接にしたのではなくて、琉球政庁の役人どもだ。かれらは島津にひたすら頭を下げて苦しい苦しいといいながら、百姓と同じように苦しもうとはしなかった。自分らはぬくぬくと暮らした。その責任を問うべきですよ。それが琉球の御一新というものだ」

「小説・琉球処分」

三人は元島津藩士である。三人が見た沖縄は百姓の極貧であった。そして、極貧の百姓を搾取して豊かな生活をしている琉球王朝があった。その事実を小説・琉球処分は元島津藩士である三人の明治政府から派遣された男に語らせる。小説は琉球処分官と琉球王朝の駆け引きが中心であるが、沖縄の百姓の貧しさも描いている。

「皮肉を言うわけではないが、きみはやはり、封建政治をにくんだ勤王の志士奈良原幸五郎だ。しかし、きみは、自分が鹿児島の人間だということを忘れている。見たまえ。ぼくらが自分では日本帝国の官員として琉球の人民を解放するために来たつもりでも、百姓どもは、やはりぼくらを島津の片割れとして警戒しているのだ」
「それは思い過ごしだ、伊地知さん。いや確かに百姓たちはまだぼくらをこわがっているかもしれないが、そんなことをいちいち気にしていたってはじまらない。ぼくらとしては、この島の産業開発と教育とに努力をかたむけること。きのう話した通りです。・・・・・」

「小説・琉球処分」

明治維新とは、封建社会の江戸幕府から士農工商の身分制度を排して四民平等の近代国家を築いたものであった。明治政府による琉球処分が沖縄を近代社会にするものであることが三人の会話から分かる。しかし、琉球王朝は沖縄の近代化を理解できない。

明治御一新を説明するのにあれだけ骨が折れるとは思いませんでしたぜ。薩摩の国が鹿児島県になったのがなんだか悪いことをしたみたいで、変な錯覚までおこしましたな」
・・・・・・
「薩摩への借金も免除してやると言ったとき、いちばん理解に苦しんだらしい。かれらの今までの考え方からすると、こんなことは奇蹟ともいうべきものだろうから」
「あの調子では、その金で士民を救済し国本を張る資にするようにと命じたところで、その政策をとれるかどうか、あてになりませんな」

「小説・琉球処分」

明治政府は大日本帝国憲法を制定して、法の下での平等を目指して身分制度を廃止し、武士の特権をなくした。しかし、琉球王朝にとって農民を搾取する身分制度は当然のことであり、王朝を廃止して、武士と農民が同じ身分になる四民平等を理解することができなかった。明治維新は琉球王朝にとって予想もしていなかったことであり理解できないのは当然であっただろう。明治政府は琉球王朝を廃止するというのだ。琉球王朝が存在しなくなるということを理解するほうが無理である。自己決定権が明治政府に奪われてしまう。それは琉球王朝にとっては差別に等しい。

琉球処分は身分制度を排し、四民平等の社会を築くことである。農民は大歓迎した。琉球王朝以外の沖縄のほとんどの人たちは琉球処分に賛成したのである。とすれば琉球王朝が復活するかもしれない琉球独立に多くの農民の霊は反対だろう。佐藤氏は多くの霊が県民大会を応援にやってきたと述べているが、あり得ないことである。やって来たのは琉球王朝の身分の高い霊たちだけであるだろう。

戦後の日本は議会制民主主義国家である。国全体のことは国会で決め、県全体のことは県議会が決め、市町村のことは市町村議会で決める。琉球独立の根拠は沖縄のことは沖縄が決めるべきであるのに国会や政府が決めていることにある。そして、それを沖縄差別と言っている。琉球独立は現在の日本国家の議会制民主主義を否定している。琉球独立論者が感じる差別は支配階級である琉球王朝の感じた差別と同じである。議会制民主主義を否定して琉球独立を目指す運動は琉球王朝復活を目指した運動である。

琉球独立を主張する佐藤氏は王朝時代の信教ニライカナイ、オボツカグラを信じているようである。そして、「「この数年間で私のアイデンティティは変化した」と述べたように翁長知事が主張している沖縄アイデンティティを支持するようになった。

沖縄は過去も沖縄人のものであり、現在も沖縄人のものであり、そして未来も沖縄人のものである。今まで私たちはイデオロギー、革新とか保守とか労働者とか地域とか国家と言うことを難しく考えすぎた。そのために沖縄人というよりも個別優先をした。それがつけ込む隙になった。ただ、翁長知事が誕生したから変わった。

「佐藤優演説」

佐藤氏はイデオロギー、革新、保守、労働者、地域、国家について考えるよりも沖縄人をひとまとめにして考えるべきであり、そのほうが日米政府の沖縄差別が分かり、「沖縄は過去も沖縄人のものであり、現在も沖縄人のものであり、そして未来も沖縄人のものである」という考えになれると言う。

翁長知事は去年の知事選の時、突然沖縄アイデンティティを主張するようになった。イデオロギーは腹六分に抑えて沖縄アイデンティティで結束して日米政府と闘というのが翁長知事のアイデンティティ論であった。

保守・・・普天間飛行場の県外移設　日米安保容認
革新・・・普天間飛行場の閉鎖・撤去　日米安保廃棄

翁長知事の沖縄アイデンティティは革新と手を組む方法として考え出したものであった。安保容認の保守翁長陣営と安保廃棄の革新が一緒になることは政治理念から考えると実現不可能である。しかし、翁長知事の発案した沖縄アイデンティティは翁長陣営と革新が一緒になることを可能にしたのである。お互いの政治主張はそのままであり、県外移設か閉鎖・撤去のどちらかに統一することはなく沖縄アイデンティティの名で一緒になったのである。政治理念が水と油のように全く違うのに一緒になるのは政界ではありえないことである。ところが沖縄では現実に起こった。

翁長知事の沖縄アイデンティティは安保賛成の翁長陣営と安保廃棄の共産党が一緒になることを正当化するための理論であった。しかし、そうすると普天間飛行場の県外移設と閉鎖・撤去を両陣営は維持したまま共闘することになるので、選挙公約には県外移設と閉鎖・撤去は使えない。使ったのが辺野古移設反対であった。選挙期間中両派は辺野古移設反対、新基地建設反対を訴えると同時に、翁長陣営は県外移設を主張し、革新陣営は閉鎖・撤去を主張した。となると普天間飛行場の解決方法が二つに分かれる。しかも政治理念は日米安保容認と日米安保廃棄に対立した状態である。革新陣営と手を結んだ翁長知事は普天間飛行場問題の解決方法では県外移設も閉鎖撤去も主張することができないことになる。翁長陣営と革新陣営が一緒になるということは普天間飛行場問題の放棄である。つまり固定化を容認することと同じである。

分析官の佐藤氏ならこのことは御見通しであるだろう。しかし、そんなことは一言も言わないで翁長知事のアイデンティティ論を称賛するのである。日米安保容認であっても日米安保廃棄であっても沖縄人ならいい、沖縄人は政治理念が違っていても一緒になれと佐藤氏はいうのである。

沖縄アイデンティティを一番恐れているのが東京の中央政府です。
あの人たちはですね。人間性は色々問題あるが、悪知恵だけは働きますからね。外務省というのはフォークにナイフに蝶ネクタイみたいなかんじでやってますけどね、腹黒いですからねェ～わたし自身がいたからよくわかっています。

「佐藤優演説」

確かに佐藤氏のいうように沖縄アイデンティティを一番恐れているのが東京の中央政府かもしれない。安保容認の翁長知事と安保廃棄の革新が手を組んで政府と対峙するのが沖縄アイデンティティである。道理のない反対を平気でやるのが沖縄アイデンティティだ。東京の中央政府が理論的に説明しても理解しないし、辺野古の反対派は感情にまかせて違法行為を平気でやる。話し合いも協議もできないのだから東京の中央政府が沖縄アイデンティティを一番恐れているのは佐藤氏の指摘通りだろう。

沖縄アイデンティティ信奉者の佐藤氏は沖縄人の結集を呼びかける。

それだから県外移設に向けて、ある時期まで一生懸命頑張っていたが、前知事公室長を一年早く退職させて外務省参与にして辺野古移設への知恵をなんとか吸い取れないかと。こういうような卑劣なことをやります。前公室長、あなたもウチナーンチュだから絶対に誘惑に乗らないでね。あの人たちを助けないでください。それから、現場で対峙している警察官、防衛庁の職員、海上保安庁の職員、ガードマンの中にもウチナーンチュは居るでしょう。県出身者。なんで沖縄県出身者、沖縄人と沖縄人が対立しなければならないんですか。それを解決するのは簡単ですよ。辺野古の新基地を造るのを止めれば、その対立はすぐ終わる。

「佐藤優演説」

佐藤氏のインテリジェンスを疑ってしまう。ウチナーンチュだから政府に協力しない。沖縄人と沖縄人は対立してはいけない。だから公務員であっても沖縄人ならば辺野古基地建設に反対している人間を取り締まってはいけない。沖縄人と沖縄人の対立を解決するために辺野古の新基地を造るのを止めればいいと佐藤氏はいう。それが沖縄アイデンティティ主義の佐藤氏の考えである。

議会制民主主義国家は国民の安全を守る義務がある。その義務を実行するのが警察であり海上保安庁である。違法行為を取り締まるのが彼らの義務である。警察、海上保安庁の職員、ガードマンは反対派と対峙しているわけではない。日本国は表現の自由が保障されている。辺野古移設反対を主張するのは自由であり、取り締まりの対象ではない。自由にどんどん辺野古移設反対を主張すればいい。しかし、キャンプ・シュワブに入る従業員の車や機材を積んだトラックなどを暴力で停めたり、海では進入禁止のフロートを超えてボーリング調査を阻止したりするのは違法行為である。違法行為は議会制民主主義の法治主義を破壊する行為である。許されるものではない。警察、海上保安庁の職員は反対派の違法行為を取り締まっているだけである。主張を弾圧しているのではない。彼らが違法行為をしなければ取り締まる必要はない。警察、海上保安庁の職員は法を守る仕事をしているだけてある。

佐藤氏はウチナーンチュの警察、海上保安庁の職員は反対派の違法行為を取り締まるなと主張している。それは法治主義の否定である。警察、海上保安庁の職員が法治主義を放棄して個人の判断で取り締まるようになれば民主主義社会が崩壊する。沖縄アイデンティティ主義の佐藤氏は民主主義社会の崩壊を提唱しているのである。

キャンプ・シュワブや辺野古の海で反対派が違法な行為をしなければ取り締まることはないから争いはなくなる。反対派は議会制民主主義のルールを遵守して不毛な違法行為をやめるべきである。そして、警察官や海上保安庁の職員やガードマンの人たちをこの不毛な仕事から解放してやるべきである。

「今日本の陸地の０・６％しかない沖縄に７４％の米軍基地がある。これは差別以外のなにものでもない。しかしですね。差別が構造化している場合、差別者は自分が差別していることを認識していないんですね」にはあきれる。沖縄の米軍基地は全国の２３％である。７４％ではない。それに米軍基地で一番大きいのは沖縄ではない。北海道である。この事実は１０年以上も前から指摘されている。７４％の米軍基地があるから差別されているというのなら実際は２３％であるから差別されていないことになる。それに普天間飛行場が辺野古移設し、嘉手納飛行場以南の米軍基地が返還され、日米政府が約束している基地を返還すると沖縄本島の米軍基地は２１％以上削減する。米軍基地は１８％以下になるのだ。日米政府は沖縄の米軍基地を２３％から１８％へ削減する方針である。しかし、佐藤氏はこの事実を隠蔽している。

佐藤氏は差別が構造化している場合、差別者は自分が差別していることを認識しないで「逆に沖縄の我が儘のように見える」という。日本民族対沖縄民族は９９対１であり、日本民族が圧倒的多数である。だから大民族である日本人には沖縄を差別していることが分かりにくいと佐藤氏は言う。日米政府の基地削減計画を阻止する方向に活動しているのが辺野古移設反対派であると言う。

「日本の陸地の0・6％しかない沖縄に74％の米軍基地がある」は嘘である。本当は23％である。そして、日米政府は18％にする方針である。その事実を隠して佐藤氏は沖縄は差別されているというのである。でっち上げ差別である。でっち上げ差別から佐藤氏は奇妙な理屈を展開していく。

ただ私たちは差別されて頭を低くしていたでしょう。そんなことを言われると惨めになると。実力をつけて跳ね返すんだと思っていた。逆なんです。差別についてきちんと語らないとこの構造は変わらない。そして今や我々は差別について語れるほど強くなったんです。

「佐藤優演説」

差別されていなかったのに差別されていると主張している者たちが頭を低くしていたはずがない。彼らはむしろ「私たちは差別されている」と胸を張って叫んでいた。それどころが嘘の経済論を打ち立てて日本政府の援助は足りないなどと日本政府に文句を言ったのである。

県議会事務局が米軍基地を全面返還すると9155億5千万円の経済効果あるという試算結果を発表した。

県議会事務局（T議長）は、もし、米軍基地がすべて返還された場合の経済効果は年間4兆7191億4000万円であると具体的な数値の試算を出した。試算の内訳は嘉手納基地の以南では９１０９億６９００万円であり、嘉手納基地の以北の経済効果は３兆７３５０万円、１００ヘクタール以下の小規模面積施設７３０億９４００万円と試算した。合計すると４兆７１９１億４００万円の経済効果になるという。しかし、現時点の県内経済規模で実現可能な経済効果は、全部返還した効果の１９・４％にとどまるとして、年間９１５５億５千万円の経済効果に上るとの修正試算結果を県議会事務局は発表した。米軍基地から現在生じている経済効果の２・２倍に当たるという。

雇用効果は９万４４３５人

県議会事務局は雇用効果も試算している。県議会事務局によれば、米軍基地があるために生じる雇用効果３万４５４１人に対し、全部の米軍基地が返還された場合の雇用誘発者数は４８万６７５４人になるという。平成２４年２月の県全体の就業者数は６０万８千人である。１０％の土地の米軍基地が返還されると雇用誘発者数が４８万６７５４人にもなるというのは途方もない試算である。

県議会事務局は実現可能な雇用効果(１９・４％)は米軍基地があるがゆえの効果より２・７倍に当たる９万４４３５人であるという。沖縄県の完全失業率は７・５％であり、完全失業者数は５万人である。基地が全部返還された時の雇用効果９万４４３５人は、米軍基地関連の雇用効果３万４５４１人と完全失業者５万人を合計した8万4541人を上回っている。基地関連雇用者と完全失業者すべて雇用しても、9894人の労働者不足になる。失業率ゼロどころか、県外から9894人の労働者を募集しなければならなくなる。ものすごい雇用効果である。

それにしても、奄美大島、八重山、宮古島には米軍基地はないが、米軍基地のある沖縄本島に比べて経済は発展していない(嘉手納基地以南の人口密度は東京都並みである)。米軍基地がないほうが経済は発展するという法則は沖縄本島だけにあり、奄美大島、八重山、宮古島にはこの経済法則はないようである。

T県議会長は、県議会事務局の試算で基地が全部返還した時の経済効果が年間9155億5千万円に上るとの試算結果を根拠にして、復帰後1972年~2011年の間に沖縄に投じられた国の予算(9・9兆円)の少なさを指摘し、

「振興策について政府内からは『沖縄を甘やかしてはいけない』という議論があるが、試算を見れば39年間で9・9兆円とは、支援策としてあまりにもたりないことは明白だ」と述べている。

T県議会長は復帰後、米軍基地が全て撤去されていた時の方が沖縄の経済は数倍も発展していたと主張し、「ポスト振興策の議論が始まる中、米軍基地による経済影響を正確に把握し、沖縄の自立経済を確保するため国の支援を求める根拠としたい」と述べている。

「沖縄に内なる民主主義はあるか」

9155億5千万円という嘘の経済効果の試算を出し、「試算を見れば39年間

で9・9兆円とは、支援策としてあまりにも足りないことは明白だ」と日本政府に文句をいう連中が頭を低くしてみじめな思いになっているはずがない。それなのに彼らがみじめな思いをして実力をつけて跳ね返すんだと思っていたと佐藤氏は述べるである。そして、その思いは逆であり差別についてきちんと語らないとこの構造は変わらないという。そして、

「今や我々は差別について語れるほど強くなったんです」

と県民大会に集まった観衆に言い、大拍手をもらう。県民大会に集まった観衆は実は昔から差別があると主張してきた。つまり、昔から彼らは強かったのだ。そんな事実を無視して佐藤氏の演説は続く。

ひとつ例を出しましょう。辺野古基金です。私も共同代表を務めさせていただいています。プライス勧告の時みんなお金が欲しかった。でも土地を売らなかったでしょう。今は辺野古を阻止する、その為のお金を集めようといったら2億円以上のお金を集められるほど沖縄は力がついているんです。我々はすでに勝っているんです。

「佐藤優演説」

差別について語れるほど強くなった例に辺野古基金を取り上げている。変な理屈である。

プライス勧告とはなにかを知っておく必要がある。県の資料を引用する。

6月9日プライス勧告発表、島ぐるみ闘争へ（1956年）

1956（昭和31）年6月9日、米国下院軍事委員会特別分科委員会委員長のメルヴィン・プライスが沖縄の基地、軍用地問題に関する「プライス勧告」を発表しました。

その内容は、沖縄基地が①制約なき核基地、②アジア各地の地域的紛争に対処する米極東戦略の拠点、③日本やフィリピンの親米政権が倒れた場合のより所、としてきわめて重要であるとし、これまでの軍用地政策を含む米軍支配のあり方を基本的に正しいと認めたものであった。

プライス勧告と島ぐるみ闘争の背景

1950年代、朝鮮戦争の勃発や中華人民共和国の成立、米ソ冷戦時代の背景を受けて、米軍は沖縄への恒久的基地建設を本格化した。そして「銃剣とブルドーザー」に象徴されるように、強制的な土地接収が行われた。

こうしたなか、さらに米民政府は、1954（昭和29）年3月17日、米陸軍省の「軍用地一括払い」の方針を発表した。

一括払いは、実質的な土地買い上げ政策であった。

これに対して琉球政府立法院は、同年4月30日に全会一致で「軍用地処理に関する請願」（議事録ＰＤＦ）を可決した。

それが後に、一括払い反対、適正補償、損害賠償、新規接収反対の「土地を守る四原則」と呼ばれた。

その後、琉球政府行政主席の比嘉秀平ら四者協議会が土地問題折衝のため渡米し、対米交渉を行い、その要請に基づき１９５５（昭和３０）年１０月２３日、米下院軍事委員会のプライス調査団が沖縄に派遣された。

この調査団が議会に提出した報告書がいわゆるプライス勧告である。

一括払い反対、新規接収反対などの土地を守る四原則に基づく沖縄側の要求に対し、同勧告は、軍用地料の算定に譲歩したにすぎず、主要な点は聞き入れなかったものでした。

プライス勧告の全文が沖縄に届いた6月２０日、前沖縄６４紙町村のうち５６市町村で一斉に市町村民大会が開かれ、多くの住民が参加した。

１９５６（昭和３１）年6月以降、沖縄では住民の激しい抗議活動が行われ、やがて島ぐるみ闘争へと発展した。

四原則貫徹実践本部は、プライス勧告に反論した。

米軍は、軍人の安全を理由にオフリミッツ（立ち入り禁止令）を発令した。米軍相手に商売を営む民間地への立ち入りを禁止することで住民側は経済的窮地に立たされた。

しかし住民の抵抗運動はその後も続き、やがて米国側は、軍用地料の一括払いの方針を撤回し、適正価格で土地を借用するとすることで、島ぐるみ闘争を終結に導いた。

「プライス勧告の時みんなお金が欲しかった。でも土地を売らなかったでしょう」という佐藤氏はお金的に得するよりも、例え損しても自分たちの土地を守るために土地を売らなかったと思っているが、「土地を守る四原則」を見ればわかるようにプライス勧告に従うとお金的に莫大な損をするから反対したのだ。

「沖縄県公文書」

問題を解決するため、アメリカ下院の調査団が沖縄を訪問したが、保革の枠を越えた全住民を巻き込んだ「島ぐるみ闘争」が拡大した。米国は民主主義国家である。独裁国家ではない。米国は一括払いを強制しないで、沖縄の代表者と交渉をした。交渉の結果、アメリカ当局は「当初評価額の約6倍の地代を支払うこと」と、「原則毎年払いで、希望者のみ１０年分の先払いを認める」ことで解決が図られることになった。

島ぐるみ闘争に見られるように沖縄が「差別されて頭を低くしていた」というのは嘘である。むしろ共産党など左翼集団による激しい抵抗運動が多かった。島ぐるみ闘争は衰えていくが、原因は米軍が弾圧したからではない。米軍基地を受け入れた辺野古が空前の経済発展をしたからである。戦前の沖縄は農業が中心であった。

土地を取られたら食べていけないという思いが強かったから米軍の土地接収に強く反発したが、辺野古の経済発展でそうではないことに気付いたのである。金武町や他の市町村も米軍を歓迎するようになる。それに軍雇用員など米軍関係の仕事が増え、沖縄の人々の生活は豊かになっていった。それが原因で島ぐるみ闘争は衰えていった。

佐藤氏は沖縄の歴史を捻じ曲げ、「私たちは差別されて頭を低くしていた」というのである。そして、辺野古基金に2億円以上のお金を集められるほどに沖縄は力がついているというのである。たった2億円を集めた程度の力は大したことはない。沖縄の歴史では2億円とは比べ物にならないくらいの勝利を何度もやっている。例えば米軍は旧具志川村の昆布の土地を接収しようとしたが反対闘争によって実現しなかった。昆布土地闘争の勝利だ。2億円を集めたくらいで我々はすでに勝っているという佐藤氏の弁には苦笑するしかない。県民大会の目的は辺野古飛行場建設を阻止することである。阻止した時が勝利である。辺野古資金が2億円以上になったから勝利したとは言えない。しかし、佐藤氏は勝利したといって調子に乗るのである。

調子に乗った佐藤氏は「あとはどういう風に勝っていくか」と言い、「自己決定権を確立して民主主義を強化して自由を強化する」と締めくくる。

日本は議会制民主主義国家であり沖縄県は日本の地方自治体である。沖縄県も市町村も地方自治体としての自治権は保証されているし、地方自治体としての自己決定権は確立している。国、県、市町村の自己決定権はそれぞれに確立しているのが議会制民主主義国家日本である。

例えば、国が辺野古に米軍飛行場をつくろうとしても県や名護市、辺野古区が反対すればつくることはできない。事実、最初は県や名護市、辺野古区は飛行場建設に反対だった。だから辺野古飛行場をつくることはできなかった。政府は飛行場をつくれるように県知事、名護市長、辺野古区と何回も交渉を重ねて三者が賛成したから辺野古飛行場建設を始めたのである。２０１０年の民主党政権時代に辺野古区長、島袋名護市長、仲井真知事は自己決定権によって辺野古飛行場建設に賛成したのである。

翁長知事は２０１０年の辺野古飛行場建設の政治的決着と２０１４年度の仲井真知事が公有水面埋め立て申請を承認したあとで県知事になり、辺野古飛行場建設に反対した。そして、国に辺野古飛行場建設を止めるように要求し国が断ると沖縄県に自己決定権がないと主張したが、翁長知事の要求は一度決定したことを一方的に破棄することであり自己決定権と言えるものではない。沖縄県は自己決定権はあるのだ。一方的な破棄権がないということである。

佐藤氏は、なぜか「あと、おもろそうしをもう一回読みましょう」と意味不明のことを言う。そして、「読み難いけどね。沖縄に危機が来た時、セジという特別な力が降りてくる。そして、必ず危機を切り抜けている。今も我々にはセジがついている」と言い。「ニヘーデービル。どうもありがとうございます」と演説は終わる。

セジ

霊力を意味し，村落レベルの神女でもその適格者はセジ高い女でなければならない。セジを身につけ，これを国王に奉り，兄弟をまもり，またこれで仇敵を呪詛することもした。

セジという霊力は殊更特別なものではなく、人間は誰でも多かれ少なかれセジを持ち、また自分以外のセジの影響を受けると考えられている。そして自分がコントロールできない現象は、すべてセジという目に見えない力に拠るものとする。

またこのセジは、人間の中から生まれるものというより外部から与えられるものと考えられ、例えばある日突然神がかりするユタのように、自分の好むと好まざるとにかかわらず高いセジを与えられる人もいる。

佐藤氏の演説はニライカナイ、オボツカグラに始まりセジで終わる。政治集会であるのに霊を崇拝する話になっている。霊の世界と政治の世界を混合した佐藤氏の演説が嘘にまみれてしまうのは仕方がないことである。

沖縄の霊界に迷い込んでしまった佐藤氏に沖縄の政治を正確に分析するのは不可能のようだ。

でっちあげで我那覇真子批判する佐藤優

２０１５年７月１８日の「ウチナー評論」は「沖縄人は間抜けていない」である。「沖縄人は間抜けていない」の内容は「琉球新報、沖縄タイムスを正す県民・国民の会」が本土の新聞や週刊誌に意見広告を出したことに対する批判である。

反知性主義とは、客観性と実証性を軽視もしくは無視して、自分が欲するように世界を理解する立場を言う。そういう人たちに、事実と論理で説得を試みても奏功しない。それは反知性主義者が自らが信じる『真実』に固執し、対話を拒否しているからだ。

ウチナー評論「沖縄人は間抜けていない」

反知性主義については佐藤氏のいう通りである。反知性主義者の代表的な存在が宗教信心者である。神は科学的な存在ではない。神は理屈ではなく無条件に信じるか否かである。信神者は自らが信じる『真実』に固執し、対話を拒否する。心神者は反知性主義であるからそのような心神者について述べるのかと思いきや、そうではなく東京の政治エリート(国会議員、官僚)や全国記者、有識者の中に反知性主義者がいると述べている。佐藤氏のいう反知性主義者とは、

「琉球新報」と「沖縄タイムス」の沖縄二紙が、左翼的な編集部に乗っ取られているので、反基地、反米、反日キャンペーンを展開している。沖縄県民は沖縄二紙に操作され、米海兵隊普天間基地の辺野古移設に反対している。この状態は日本国

民のためにならない。沖縄県民は、外交・安全保障に関わる問題は、専管事項であることを認識し、国策に協力すべきだ。沖縄2紙がつぶれるならば、沖縄も正常になる」という反知性主義的発想をしている人々は必ずいる。

ウチナー評論「沖縄人は間抜けていない」

佐藤氏のいう反知性主義者とは沖縄2紙を批判する政治家や官僚、記者、有識者のことである。それはおかしい。沖縄2紙批判をするのは表現の自由であるし、沖縄2紙を読み、矛盾を感じたから批判をしたのである。反知性主義ではなく知性主義だから批判をしたのである。沖縄2紙の記事を完全に信じて、無批判の人の方が反知性主義であるのではないか。

佐藤氏は反知性主義的発想をしている人々が「沖縄2紙の報道を弾劾する」意見広告の掲載に動き始めていると述べ、意見広告を掲載する代表者には、沖縄人を持ってこなくては体裁がつかないから、「沖縄保守のジャンヌダルク」と呼ばれている人が重宝されたと述べている。つまり「正す会」をつくったのは本土の反知性主義者たちであり、「沖縄保守のジャンヌダルク」我那覇真子さんは体裁をつくるためのお飾りであると佐藤氏は断じているのだ。

事実は違う。我那覇真子さんはブログ「狼魔人日記」の管理者江崎孝氏と2年間近くチャンネル桜沖縄支局のキャスターを務めている。江崎さんは「狼魔人日記」で沖縄二紙を徹底して批判してきたし、チャンネル桜でも沖縄2紙の記事を批判してきた。我那覇さんは江崎さんを師匠と呼び、二人はチャンネル桜で沖縄2紙の批判を続けてきた。「正す会」は二人が発起人であり、二人が居なかったら「正す会」は結成されなかった。

「正す会」は佐藤氏のいう本土の反知性者主義者たちがつくったのではない。しかし、本土の反知性者主義者たちがつくったと信じている左藤氏は我那覇さんを「どの植民地にも、宗主国の方針に過剰同化する現地人」であると決めつけている。佐藤氏が沖縄を植民地だと思っていることには驚いてしまう。沖縄は議会制民主主義国家日本の地方自治体である。植民地ではない。佐藤氏のほうが客観性と実証性を軽視もしくは無視する反知性主義者ではないかと疑ってしまう。

意見広告　「このままでいいのか、沖縄の新聞」

沖縄2紙の報道姿勢を正す私たちの活動にご支援をお願いします。

沖縄2紙の報道により、事実を知ることができない沖縄県民。

当会は反日左翼的な2紙の報道により歪められた沖縄の言論空間を正常化し、県民世論の健全化を図ることを活動の目的として結成された有志の会です。2紙は中国の脅威についてもいっさい触れません。

長らく2紙を購読していたジャーナリストの櫻井よしこ氏も『沖縄世論』への寄稿で、両紙ともに「歴史問題や軍事問題となると、必ずと言ってよいほど驚くべき偏りに陥る」とし、「事実を伝えない2大紙からの決別こそ必要なのである」と主張しています。

私たちは沖縄に真の言論機関を形成するために立ち上がりました。

日本はひとつです。沖縄県人の皆様の活動へのご支援をお願いします。

「琉球新報、沖縄タイムスを正す県民・国民の会」


「正す会」の広告文である。読んで分かるように「正す会」の目的は沖縄2紙をつぶすことではない。沖縄言論空間を正常にすることである。

ネットでは沖縄2紙以外の全国のマスコミの報道を見ることができる。江崎氏や我那覇さんは個人情報やネットから得た情報を参考にしながら沖縄2紙の隠ぺい報道を糾弾してきた。糾弾しながら二人の沖縄2紙に対する怒りはますます増加していった。なんとしても沖縄2紙への糾弾を強化していきたいと考えていた二人は去年から「正す会」を立ち上げたいと思っていた。しかし、素人の二人は立ち上げることができなかった。「正す会」を立ち上げることができたのは二人の気持ちを理解し、協力する人間が現れたからである。

「正す会」の名誉顧問は元文化大臣の中山成彬氏である。支援者には、元月刊「自由」編集委員会代表の加瀬英明氏、「沖縄の2つの新聞はつぶさないといけない」と発言して、マスコミを賑わした、ベストセラー小説「永遠の0」の作者百田尚樹氏、ユーチューブの有名なコメンテーターＫＡＺＵＹＡ氏、テキサス親父のトニー・マラーノ氏、呉善花、石平、西村幸祐、黄文雄である。佐藤氏は東京の政治エリート(国会議員、官僚)や全国記者、有識者の中の反知性主義者が「正す会」をつくったと述べているが、支援者を見るとその指摘が間違っていることが分かる。沖縄在住の支援者は、上原正稔、伊佐真一郎に私である。私は我那覇さんに「正す会」の支援者になってくれませんかと直接頼まれて承諾した。

佐藤氏は「正す会」に対して、

「沖縄人が、同胞の沖縄の言論、表現、報道の自由を制限する行動を取ることは、実に嘆かわしい。しかし、そういう人は、一定数いるものだ」

と述べて、「正す会」が沖縄の言論、表現、報道の自由を制限するのを目的にしていると主張している。しかし、「正す会」は歪んだ沖縄2紙の報道を批判しているのであって言論、表現、報道の自由を制限しようとはしていない。むしろ解放されることを目指している。「正す会」の意見広告を見れば理解できることである。

もしかすると佐藤氏は「正す会」の意見広告を見ていないかも知れない。佐藤氏は「最近、筆者のところに入ってきた情報によると」と書いている。ウチナー評論「沖縄人は間抜けていない」には「正す会」の意見広告の内容が一言も書かれていない。「もしかすると」ではなく確実に佐藤氏は広告を見ていない。インテリジェンスと鋭い分析を売りにしている左藤氏なのだから、「正す会」を批判するのなら意見広告を読み、分析した上で批判するべきである。ところが佐藤氏は意見広告を読まないで、佐藤氏のところに入ってきた「他人」からの情報だけで批判しているのである。情報は人伝えであるから１００％正確に伝わることはあり得ない。その事実を佐藤氏なら知っているはずである。元分析官なら直接自分で「正す会」の意見広告を見て、宣言文を読み、名誉顧問が中山　成彬氏であり、運営代表委員が我那覇真子さんであることを確認し、二人について情報を集めてから「正す会」批判をやるべきである。インテリジェンスを売りにしている左藤氏ならそれが常識である。しかし、「沖縄人は間抜けていない」にはその形跡がない。インテリジェンスのかけらもない批判が佐藤氏の「沖縄人は間抜けていない」である。「正す会」を知らない佐藤氏は間違った「正す会」非難を増長させていく。

「沖縄２紙が偏向している」というプロパガンダを展開する人々の狙いは、中央政府が、沖縄人に死傷者が発生するような事態になっても、辺野古の埋め立てを強行し、新基地が建設されることを望んでいる。

ウチナー評論「沖縄人は間抜けていない」

「死傷者が発生するような事態」は反対派が違法行為をした上に警察や海保に激しく抵抗したり暴力を奮ったりした時に予期せぬ事故によって発生する可能性はある。反対派が違法行為をしなければ警官や海保はなにもしないから死傷者は出ない。辺野古の埋め立ては普天間飛行場の移設が目的である。佐藤氏は辺野古で死傷者が出る可能性を問題にしているが、普天間飛行場では沖国大にヘリコプターが墜落した過去がある。辺野古埋め立てより普天間飛行場のほうが死傷者が出る可能性は高い。辺野古埋め立てを阻止するということは宜野湾市民の死傷を招くことになる。辺野古飛行場建設反対派は普天間飛行場の危険性をないがしろにしている連中である。

佐藤氏も宜野湾市民の死傷には平気な人間の一人である。

辺野古新基地建設に反対する運動、沖縄独立運動、沖縄の自己決定権回復運動など、自分たちに耳障りな運動は、すべて中国の工作活動のように映る。そして、沖縄では中国のスパイが活動し、政治、経済、メディアの全域を支配しつつある」という妄想に取り憑かれている。反知性主義が妄想に取り憑かれると、外部が理性と事実に基づく説得をしても聞きいれない。

ウチナー評論「沖縄人は間抜けていない」

「正す会」は沖縄2紙が偏った報道をすることを批判し、沖縄の言論空間を正常化するのを目的に立ち上がったのである。報道の在り方を問題にしているのであって革新や左翼の運動が中国の工作活動であると主張しているのではない。つまり「正す会」は政治ではなく報道のあり方を問題にしている。

「正す会」の正しい情報を持っていない佐藤氏は、「正す会」は中国のスパイが活動し、政治、経済、メディアの全域を支配しつつあるという妄想に取り憑かれている反知性主義者たちが我那覇さんを利用してつくった組織であると決めつけている。それこそが佐藤氏の妄想である。

妄想の世界におちこんだ佐藤氏は我那覇さんをひどく侮辱する。

沖縄では、ほとんど発信力も影響力も持たない人であっても、沖縄人であること、場合によっては婚姻で沖縄人の姓を持つことによって、「マスコミでは報道されない真実の声」を代表する者として、政治的に消費されていく。

ウチナー評論「沖縄人は間抜けていない」

この文章は左藤氏が我那覇真子さんについて全然知らないことを明らかにしている。我喜屋真子さんがもしかすると本土の女性であり、沖縄の我喜屋という男性と結婚して我喜屋姓になった可能性も考慮して、「婚姻で沖縄人の姓を持つことによって」と書いたのである。沖縄県民であり名護市民であることを誇りに思っている我那覇さんは自分が名護市出身であることをよく口にする。ネットで調べれば我那覇さんの年齢や出身地はすぐ分かる。佐藤氏は我那覇さんのことを調べることもしないで書いたのである。そして、我那覇さんは発信力も影響力もない女性であり、「正す会」の代表にさせられ政治的に消費されていく人間であると書いたのである。我那覇さんへのこれ以上ない侮辱である。佐藤優は物を書く人間として最低の人間である。

東京の一部政治エリートが画策する『沖縄人に沖縄を対立させる』という分断政治に乗せられるほど、われわれ沖縄人は間抜けていない。

ウチナー評論「沖縄人は間抜けていない」

佐藤氏のウチナー評論にいつも登場するのが東京の政治エリート(国会議員、官僚)である。東京の一部政治エリートが画策して沖縄差別、沖縄分断をしていると言うのが佐藤氏の定説である。そして、沖縄は辺野古移設反対でひとつであると佐藤氏はいう。ということは辺野古移設に反対をしている人は沖縄県民であり賛成している人は沖縄県民ではないということになる。

県知事選で辺野古移設反対の翁長知事が10万票差をつけて勝ったが、仲井真氏も得票したのである。翁長知事は36万票(51．7％)、仲井眞氏は(26万票37．3％)である。沖縄の人口は140万人であるから、比率で考えると佐藤氏のいう沖縄県民は72万人であり、沖縄県民でないのは52万人である。左藤氏は52万人の県民を消したのである。バカらしい理屈である。

東京の一部政治エリートが画策して『沖縄人に沖縄を対立させる』というのは左藤氏のでっち上げである。佐藤氏のいう「われわれ沖縄人」とは辺野古移設反対派であり沖縄の一部の県民である。一部の県民を「われわれ沖縄人」と呼んで沖縄全県民であるように見せているのが佐藤氏である。

佐藤氏は沖縄人ではない。沖縄人ではない佐藤氏が「われわれ沖縄人は間抜けていない」と述べている。苦笑してしまう。

「物食ゆすどぅ我が御主」の左藤優

沖縄には「命どぅ宝」と並んで有名な格言がある。「物呉ゆすどぅ我が御主(むぬくゆすどぅ　わがうすう)」である。直訳すると「物をくれるのが私のご主人」である。ただ、単純に物をあげるというのではなく、生活手段を提供するのを「物呉ゆすどぅ」と言ったのだろう。生活手段を与えてくれるのが私のご主人ということだ。琉球王国時代は土地を所有しているのは琉球王朝であった。農民は琉球王朝から土地を貸してもらって生活をしていた。生きていくための土地を貸してくれるがご主人である。また、農民の女子は召使、男子は下男として琉球王朝に雇われた。

武士同士の権力争いで戦争が起こり、勝った武士が支配する。農民にとって誰が勝とうが負けようが関係がない。農民にとってはとにもかくにも「物呉ゆすどぅ」武士が「我が御主」である。搾取され貧困だった農民にとっては、思想や人格は関係なく生きていく手段を与えてくれる者を主人として選んだのである。それが「物呉ゆすどぅ我が御主」のことわざである。「命どぅ宝」は反戦平和の格言として有名になったが、「物食ゆすどぅ我が御主」は聞かなくなった。この二つの格言は子供の頃によく聞いたが、高校生になると私はこの二つの格言が嫌いだった。

高校生の時、フランス革命のように自由、平等の権利を求めて闘ったことを習った。日本でも四民平等の新しい国をつくるために坂本龍馬たちは命を懸けて戦った。死を恐れぬ人たちが支配者と戦ったから人間の自由を勝ちとったのである。自由を求めて支配者を倒す映画も多かった。私は教科書や映画に感化されて、人間は生まれながらに自由であるし、自由は支配者と戦い、支配者を倒して得るものだと考えるようになった。

もし、「命どぅ宝」といって支配者と戦わないで「物食ゆすどぅ我が御主」と支配者のいいなりになっていたら奴隷生活に甘んじてしまい、自由な社会を築くことはできない。だから、沖縄の二つの格言が嫌いだった。奴隷精神の格言にしか私には思えなかったし、沖縄の格言とは信じたくなかった。

琉球大学に入学すると図書館で「命どぅ宝」と「物食ゆすどぅ我が御主」について調べた。教師の説明とは違う、もっと深い意味があることを期待したからだ。しかし、教師の説明と同じだった。二つの格言は琉球王朝に支配され、極貧に甘んじている農民から生まれた格言であった。沖縄は台風や干ばつの被害が多く、ソテツ地獄と呼ばれる餓死者が出るような事態が毎年のようにやってきた。生きることさえ困難な生活の中から「命どぅ宝」と「物食ゆすどぅ我が御主」は生まれたことを知った。

沖縄は小さい島で、土は養分の少ない赤土である。農業に向いていない。毎年暴風がやってくる。暴風がやってこないと干ばつになる。私はことわざを調べて沖縄が非常に貧しい島であったことを痛感した。「命どぅ宝」と「物食ゆすどぅ我が御主」は嫌いなことわざではあるが、このことわざの重さを感じざるをえなかった。

「物食ゆすどぅ我が御主」は琉球王朝時代の古いことわざであり現在の議会制民主主義社会では否定することわざである。民主主義では人間は自由・平等であり人権は尊重されているからだ。労働者は奴隷ではない。自由と平等が保障された人間だ。しかし、「物食ゆすどぅ我が御主」の精神の人間が居ないわけではない。

佐藤氏は琉球新報に毎週土曜日に「ウチナー評論」を掲載しているが、今では佐藤氏にとって琉球新報は御主人様である。御主人様の命令にはなんでも従うのが「物食ゆすどぅ我が御主」精神の佐藤氏である

ウチナー評論「沖縄人は間抜けていない」がその証拠である。佐藤氏は「正す会」について知らなかった。我那覇真子さんも知らなかった。それなのに「正す会」を批判するコラムを書いたのである。なぜ書いたか。御主人である琉球新報に「正す会」批判を書くように依頼されたからである。依頼された佐藤氏は「正す会」について知らないのに琉球新報好みの内容の「沖縄人は間抜けていない」を書いたのである。

現代の「物食ゆすどぅ我が御主」版が琉球新報と佐藤優氏の関係である。

事実隠蔽の一流ジャーナリスト金平茂紀

金平茂紀氏は全国放送をしているＴＢＳのキャスターである。金平茂紀氏がテレビで話したり、新聞等に記事を載せれば事実を報道していると人々は思う。沖縄タイムスに連載している「金平茂紀の新・ワジワジー通信」（３）からの引用である。

辺野古に米軍の新基地を造ることに反対の声が多くあり、その反対運動の一翼を担っていた沖縄平和運動センター議長の山城博治さんが、２月２２日に米軍キャンプ・シュワブのゲート前で、米軍警備員によって身柄を拘束され、その後、沖縄県警に身柄を引き渡され逮捕された。約３２時間後に山城さんは釈放されたが、米軍直属の警備員による行動は、常軌を逸した形だった。山城さんは、抗議行動をしていたメンバーらにイエローラインの内側に入らないように自制を呼びかけていたところ、警備員がやってきていきなり山城さんを後ろから押し倒し、その後両足を持ち上げて体を引きずって（まるで重いごみ袋を引きずるようなモノ扱いにして）身柄を拘引（けんいん）し、続いて米海兵隊兵士が金属製の手錠を後ろ手にかけて、基地内敷地にしばらく放置した。

本紙北部支社の浦崎直己記者がこの一部始終を目撃していた。彼は携行していたデジカメで何枚かのシーンを撮影した。

「金平茂紀の新・ワジワジー通信」（３）

1
イエローライン
イエローライン
2
イエローライン
イエローライン

山城議長が米軍警備員によって身柄を拘束されるまでの最初の様子である。イエローラインに山城議長一人が立ち、周囲にはデモ参加者は一人も居ない。まだ、抗議運動は始まっていなかった。山城議長が一人だけゲート内に居る警備員を見つめながらゆっくりとイエローラインを越えて、立ち入り禁止区域に入って行った。一度立ち留まる。それから数歩進む。そして警備員に「来い」というゼスチャーをして警備員を挑発する。警備員が近寄ると後ずさりしてイエローラインの外に出る。ユーチューブの映像を見れば山城議長がイエローラインを越えて、警備員をからかっていることがはっきり分かる。離れた場所にいた運動員が駆けつけてきてイエローラインの内側で小競り合いをする。山城議長もイエローラインの内側に入る。山城議長たちと警備員の小競り合いはイエローラインの内側で続く。

山城議長が身柄を拘束される映像はユーチューブにアップロードされた。このことを金平氏は次のように述べている。

（この原稿の校正段階で発覚した事実だが）米海兵隊政務外交部次長ロバート・エルドリッジ氏が利害関係を同じくする第三者に映像を提供し、それがネット上にアップされた。その動画は、念入りに編集されたもので、ある意図を感じさせる代物だ。エルドリッジ氏は流出の責任を問われ、事実上解任された。

「金平茂紀の新・ワジワジー通信」（3）

金平氏の説明とユーチューブの映像は全然違う内容である。

警備員が山城議長を捕縛しようとするが運動員が阻止する。４の写真は山城議長が捕縛される寸前の写真である。山城議長がイエローラインの内側に居るのは明らかである。一部始終を目撃していた本紙北部支社の浦崎直己記者もユーチューブの映像と同じ場面を見たのは間違いない。山城議長はイエローラインの内側で捕縛されたのである。

ところが金平氏は「山城さんは、抗議行動をしていたメンバーらにイエローラインの内側に入らないように自制を呼びかけていたところ、警備員がやってきていきなり山城さんを後ろから押し倒し」と書いている。メンバーは抗議行動をしていたのではない。警備員が山城議長の前に来たので山城議長を警備員から守るためにやってきたのである。映像を見れば一目瞭然である。

金平氏は、「特にこの１、２カ月の間に沖縄の名護市辺野古周辺で起きていることは、率直に記せば、常軌を逸している」と述べているが、ユーチューブの映像を見れば、「常軌を逸している」のは山城議長や運動員の行動であることが分かる。常軌を逸していたがゆえに山城議長は警備員に拘束された。それが事実である。映像は嘘をつかない。しかし、金平氏は文字で嘘をつく。全国放送のＴＢＳキャスターである金平氏は、沖縄に関する報道ではなにゆえか事実を堂々と隠蔽する。

金平氏は沖縄は米軍の植民地であるという思いが強い。基地反対運動は反植民地運動であり正義の闘いであると妄信している。金平氏にいわすれば平和運動センター山城議長は正義の闘いの先頭に立っているのだ。金平氏がそのように思うのは自由である。報道人でも思想・信条は自由である。しかし、隠蔽報道はやるべきではない。報道陣として隠蔽報道をやるべきではない金平氏であるが隠蔽報道をやっている。金平氏は隠蔽報道人としては一流であると言えるかもしれない。

金平氏は映像がユーチューブにアップロードされた後も文章を訂正していない。山城議長もメンバーも山城議長が拘束された時はイエローラインの中に居たのである。金平氏は山城議長がイエローラインの中に居なかったように書いているが、映像を見ればイエローラインの中に居たのは明らかである。

金平氏は山城議長がイエローラインの中に居たのを確実に知っている。金平氏は山城議長がイエローラインの中に居たと訂正報道をしなければならない。それが事実を伝える報道人のやるべきことである。しかし、金平氏は隠蔽を訂正する時間は十分にあったのに訂正をしなかった。

後日、米軍のカメラで撮られた映像が外部に流出した。いや、この表現は不正確なので言い直せば、(この原稿の校正段階で発覚した事実だが)米海兵隊政務外交部次長ロバート・エルドリッジ氏が利害関係を同じくする第三者に映像を提供し、それがネット上にアップされた。その動画は、念入りに編集されたもので、ある意図を感じさせる代物だ。エルドリッジ氏は流出の責任を問われ、事実上解任された。

「金平茂紀の新・ワジワジー通信」（3）

エルドリッジ氏が解任されたのは事実である。軍の映像を許可なしに流出したのだから処罰を受けるのは当然である。ただ、エルドリッジ氏が映像を提供した原因は報道の虚実を暴くためであった。

マスコミは山城議長はイエローラインの中に入っていないのに拘束されたと報道した。山城議長もイエローラインに入らなかったと主張した。そうであれば警備員が違法行為をしたことになる。米軍が違法行為をしたとの報道に米軍人としてのプライドが高かったエルドリッジ氏は県民に事実を知ってもらうために映像をボギー手登根さんに渡したのである。

ユーチューブで映像が流され、山城議長がイエローラインに入っていたことが明らかになった。山城議長がイエローライン内に入ったのはまぎれもない事実である。

金平氏はエルドリッジ氏が責任を問われ、解任されたことを述べているが、一番肝心な映像の内容には一言も触れていない。それどころかエルドリッジ氏の悪印象つくりに走っている。

この出来事の前にとびきりの常軌を逸した出来事があった。件（くだん）のエルドリッジ氏が、日本の良識ある英字新聞のひとつジャパンタイムズが「ファーライト（極右）・チャンネル」と表現する某インターネットＴＶに出演し、辺野古の基地反対の声を「ヘイトスピーチ」と同一視する発言をした。その昔、エルドリッジ氏は、大阪大学で日米関係論を学ぶ学者の卵だった。当時の彼のことを「日本のことをよく理解してくれるアメリカ人が生まれた」などと褒めそやす学者もいた。日本語を流ちょうに話し、一見人当たりのソフトな物腰の故だったからか。「ファーライト・チャンネル」に出演したことで、「彼の化けの皮がはがれた」とは、沖縄在住の政治学者ダグラス・ラミス氏の言葉である。

金平茂紀の新・ワジワジー通信（3）

問題は山城議長がイエローラインの内に入ったかどうかである。エルドリッジ氏が「辺野古の基地反対の声を「ヘイトスピーチ」と同一視する発言をした」としても「ファーライト（極右）・チャンネル」に出演したとしても山城議長の行動とは関係がない。山城議長がイエローラインを越えたか越えなかったはエルドリッジ氏が右翼であるか左翼であるかという思想問題とは別である。問題は映像になにが映っていたかということである。映像は嘘をつかない。

ところが金平氏は映像の内容については述べないでエルドリッジ氏の過去のことを述べて、あたかもエルドリッジ氏が流出した映像に細工をして、映像としての価値がないようなイメージを与えている。

なぜ、これほどまでに金平氏は事実を隠蔽するのか、それは次の文章で理解できる。

山城さん拘束という事態が生じた日、NHKは全国ニュースとしてこの出来事をまったく報じなかった。NHK沖縄は、ローカルニュースとしてこの出来事を報じたが、それは大規模な基地反対集会が開かれたというニュースの最後に、付け足しのように10秒ほどで伝えただけだった。「植民地の傀儡（かいらい）放送局のようだ」と僕の友人は言い捨てた。

「金平茂紀の新・ワジワジー通信」（3）

金平氏は沖縄は米軍の植民地であるという思いが強い。金平氏にとって基地反対運動は反植民地運動であり正義の闘いである。平和運動センター山城議長は正義の闘いの先頭に立っているのだ。

基地反対の情熱が強い山城議長がイエローラインを越えることはあり得ることである。イエローラインを越えたために警備員に拘束されたことが山城議長の名誉を傷つけることにはならない。むしろ、基地反対の情熱が強いことをアピールすることができて、基地反対を主張している人たちへの高揚効果がある。逮捕されたことは不名誉なことではない。それなのに金平氏はイエローラインを越えていなかったと報道した。

なぜ、金平氏は堂々とイエローラインを越えたことを報道しないのか。山城議長がイエローラインを越えたことは大した問題ではない。逮捕されたのも大した問題ではない。最大の問題は一流ジャーナリスト金平氏が事実を隠蔽したことである。

隠蔽した後に大嘘をつく一流ジャーナリスト金平茂紀

皆さま。お久しぶりです。沖縄タイムスに帰ってまいりましたよ！　またまた、沖縄をめぐるワジワジーした状況をぶっ飛ばしましょうねえ。というわけで、初回はスペシャル版です。ある方への公開書簡です。

「新・ワジワジー通信」

金平茂紀氏の新・ワジワジー通信が始まった。最初のコラムは「沖縄の現実こそ非人道　ケネディ大使に正義期待」という題名である。

「沖縄の現実こそ非人道　ケネディ大使に正義期待」の題名には嘘臭さがある。金平氏は「ケネディ大使に正義期待」と書いているが本気でケネディ大使に正義を期待しているのだろうか。どうもうさんくさい。

情報が豊富なジャーナリストであればケネディ大使がどのような人生を送り、政治についてどのくらい精通しているかを知っているはずである。ケネディ大使に正義を期待するということはケネディ大使の政治的実力に期待するということになる。本当にケネディ大使に政治的な実力があるだろうか。

ケネディ大使は政治家ではない。外交の専門家でもない。政治や外交に素人である。素人であるケネディ大使にベテランジャーナリストが期待するなんておかしい。

拝啓

多くの敬愛を集めてやまないキャロライン・ブービエ・ケネディ米国駐日大使閣

下。大使としてご就任以来のめざましいご活躍ぶりを拝見している日本人の一人として、ここに新年の無事到来のお喜びを申し上げるとともに、失礼ながら是非とも申し上げたいことがございまして筆をとらせていただきます。

「新・ワジワジー通信」

沖縄タイムスに掲載した「新・ワジワジー通信」を日本語を読めないであろうケネディ大使が読むだろうか。ケネディ大使に申し上げたいのなら、直接ケネダィ大使に送ればいい。

これはケネダィ大使に申し上げる風を装って沖縄県民に向けた文章である。

私は日本のジャーナリズムの世界でたかだか３０数年仕事をしてきた者の一人にすぎません。長年取材をしてきたなかの重要テーマのひとつに、沖縄にある貴国の軍事基地をめぐる諸問題があります。長きにわたる日米関係の歴史のなかで、私たち日本国民は、多くの価値を貴国の人々と共有するに至りました。なかでも民主主義の実現を保障する諸価値（言論、出版、報道、表現の自由）や、少数者、弱者の人権が保護されなければならないこと、差別をなくしていくことの必然性は、私たち日本の国民も、大いに貴国の建国の歴史から学ばせていただきました。独立戦争は、貴女の祖先たちが、イギリス本国の植民地主義から自由を求めて展開した偉大な闘いでした。正義が遂行されなければならない。人々はそのように考え闘いに加わったのでしょう。

「新・ワジワジー通信」

褒めあげてから落とす。それが見え見えの書き出しである。

２０１３年の映画『ザ・バトラー』（邦題は『大統領の執事の涙』）はご覧になったでしょうか。日本でも公開されて評判を呼びました。１９５２年から８６年まで８代の大統領に仕えたホワイトハウスの黒人執事のストーリーです。貴女のお父上も勿論（もちろん）登場します。まだ幼かった頃のあなたも映画のなかで描かれていましたね。貴女のお父上＝Ｊ・Ｆ・ケネディ大統領の正義を求めて差別を憎む姿（公民権運動への深い共感など）に日本の観客たちも心を動かされました。ですから、私たちは２０１４年に貴国のミシシッピ州ファーガソンで起きた出来事を着目していました。貴国において正義はどのように遂行されるのかと。

「新・ワジワジー通信」

正義を求めて差別を憎むのは米国の歴代大統領の姿勢であり、ケネディ大統領もその一人でしかない。他の大統領と違わない姿勢なのにあたかもケネディ大統領だけが差別を憎んだ大統領であるように書いている。それは次の文章に展開するためである。

それにしても沖縄で現在起きていることを考える時、（沖縄の言葉では「ワジワジー」というのですが）、不正義が放置されていることに怒りと悲しみがあふれるのを禁じ得ません。沖縄の人々の民意が踏みにじられる根拠に貴国の軍事基地がなっているという冷徹な現実を看過するわけにはいきません。去年の2月に沖縄を訪れた貴女は、公式予定にはなかった稲嶺進名護市長との会談を行いました。私はその場で取材をしていたのですが本当に驚きました。圧倒的多数で新しく選ばれた翁長雄志県知事があいさつのために上京した際、首相官邸が足を踏み入れさせなかった対応とは全く対照的です。わずか1年前に、官邸をあげてあの仲井真弘多前知事を歓待した政府がやったことがこれです。

「新・ワジワジー通信」

沖縄の不正義しかもそれが米国のせいであるということを書くために、ケネディ大使の父親ケネディ大統領の正義を書いたのである。

ケネディ大統領と沖縄の関係は深い。金平氏のいううわべの軽い正義不正義のことはかなりかけ離れた、東西対立という深刻な政治問題でケネディ大統領と沖縄の関係は深い。

沖縄の米軍基地を重視し強化したのはケネディ大統領だった。

ソ連がキューバに核ミサイルを設置しようした時、ケネディ大統領はソ連との核戦争も辞さない強い態度でソ連と対峙した。戦後の歴史で最初に起こった核戦争の危機であった。それをキューバ危機という。

ケネディ大統領は核戦争が起こった時の被害を試算させ、30万人の犠牲者が出ることを認識した上で、ソ連とは戦争を辞さない強い態度で臨んだ。キューバ危機はそれほどに緊縛した状態だった。ケネディ大統領の強い態度にソ連のフルシチョフ首相はキューバからミサイルを引き上げた。だから核戦争は回避された。

キューバ危機に懲りたケネディ大統領は大国同士が直接対立するのを避けるために、米国圏と社会主義圏の前線で対峙して社会主義圏の拡大を抑止する戦略に転じた。そのために局地戦争が起こった。

ベトナム戦争はケネディ大統領の局地戦争戦略によって起こった戦争である。ケネディ大統領は社会主義圏の拡大をベトナムで食い止めるためにベトナム戦争に米軍を投入したのだ。ベトナム戦争をしている米軍の根拠地が沖縄であった。

嘉手納飛行場からＢ５２重爆撃機がベトナムに飛び立ち、米兵は沖縄を中継してベトナムに移動して戦い、休暇を沖縄で過ごした。

ケネディ大統領が核戦争を避けるために局地戦争に戦略を転換したことは有名な話である。ジャーナリストでもない私が知っているのだからベテランの金平氏が知らないはずはない。

ケネディ大使に沖縄について語るならば、父親のケネディ大統領とベトナム戦争や沖縄の米軍基地との深い関係を語るのは外すことができない歴史的な事実である。ところが金平氏は肝心な歴史的事実を外したのである。

正義を求めて差別を憎むのはケネディ大統領に限ったことではないのにケネディ大統領だけを取り上げ、ケネディ大統領の「正義」を持ち上げた。一方、政治的には非常に重要なケネディ大統領が行った局地戦略を隠蔽した。

なぜ金平氏は局地戦略によるベトナム戦争を隠蔽したか。隠蔽しないとケネディ大統領を「正義」で持ち上げることができないからである。持ち上げないと沖縄の不正義で米国を批判することができないからである。金平氏は沖縄の不正義が米国のせいであることを読者に強調するために、ケネディ大統領の「正義」を持ち上げたのだ。しかし、金平氏のいう沖縄の不正義の犯人はケネディ大統領であるといっても過言ではない。


金平氏が述べている沖縄の不正義は嘘である。隠蔽した後に嘘をつく。それが金平氏の得意とする論法のようだ。


金平氏は沖縄には不正義があり、その不正義が放置されているという。金平氏は不正義が放置されていることに怒りと悲しみが溢れてくるという。

金平氏のいう不正義とは米国の軍事基地が沖縄にあること、それに翁長知事に安倍首相や閣僚が会わなかったことだという。それくらいのことで金平氏は「悲しみ」が溢れるという。６１歳にもなるというのにだ。考えられないことである。もしかすると年を取り涙もろくなったのであろうか。そういうことも考えられないことはないが、多分、嘘泣きだろう。

米軍基地は沖縄・日本への社会主義圏の侵略を抑止している。それに韓国、台湾をはじめアジアの民主主義国家の平和を守っている。なぜ米軍基地があるだけで金平氏は怒ったり悲しんだりするのだろうか。理解できない。

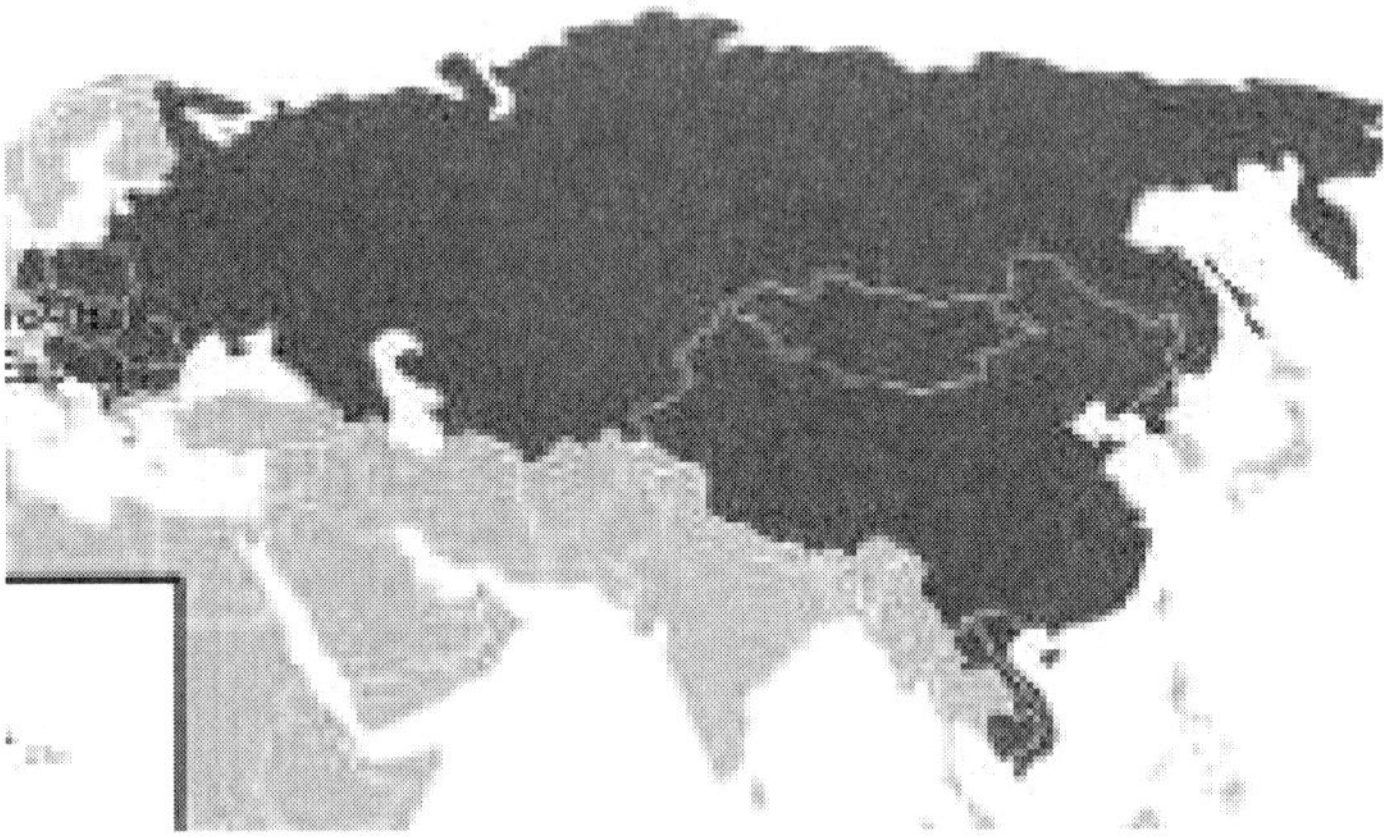

１９６０年代の社会主義圏である。ソ連のスターリンは武力で周囲の国に侵略し

て社会主義国家を拡大していった。中国の人民解放軍はチベット、ウイグルに侵略して支配下に置いた。

北朝鮮の予告なき侵略によって南朝鮮の９５％は北朝鮮に占領された。北朝鮮軍を押し返して南朝鮮を守ったのが米軍であった。中国の台湾侵略を防いだのも米軍である。もし、沖縄・日本に米軍が駐留していなかったら中国に韓国も台湾も侵略されていただろう。

日本も米軍が駐留していなかったら中国に侵略されていた可能性は高い。

１９５１年に日本共産党は警官殺害など交番所や役所などを襲撃して暴力革命を起こそうとした。米軍が駐留していなければ人民解放軍が日本共産党の応援を名目に日本に侵略していたはずである。

社会主義国でなかったのは韓国、日本、台湾、フィリピンのわずかな国であるが、米軍が守っていたから４国は社会主義国家に侵略されなかったのである。

金平氏は「なかでも民主主義の実現を保障する諸価値（言論、出版、報道、表現の自由）や、少数者、弱者の人権が保護されなければならないこと、差別をなくしていくことの必然性は、私たち日本の国民も、大いに貴国の建国の歴史から学ばせていただきました」と米国に感謝を述べ、独立戦争は植民地主義から自由を求めて展開した偉大な闘いであり、米国民は正義を遂行するために闘いに加わったと米国民を褒めあげている。

金平氏の言う通り米国は自由と民主主義は闘いで獲得するものと考えている。だから、ケネディ大統領はキューバ危機の時、数十万人の命が失われても米国の自由と民主主義を守るために核戦争も辞さない決意をしたのだ。

イスラム原理主義のイスラム国に誘拐されて、身代金を要求された時、フランスなどのヨーロッパの国々は身代金を払ったが、米国は身代金を払わなかった。そのために誘拐者は殺された。自由、民主主義を守るためには犠牲者が出ることを覚悟しているのが米国である。

金平氏は翁長知事が安倍政権に冷遇されたことを批判しているが、翁長知事は安倍政権とは比較にならないほど安倍政権を冷遇している。

県外移設は過去に自民党政権、民主党政権がやろうとしたができなかった。だから安倍政権は辺野古移設を進めているのだ。安倍首相、菅官房長官、中谷防衛庁長官は辺野古移設が唯一の方法だと繰り返し述べている。それなのに翁長知事は政府の説明を無視している。それどころか、沖縄が望んで普天間基地を造ったのではないから県外への普天間基地移設場所は政府が探すべきだと主張している。まるで安倍政権は翁長知事の召使いのようである。

仲井真知事が埋め立て申請を承認したが、審査したのは仲井真知事ではなく県の土木建築部である。土木建築の専門家が申請書を審査した結果瑕疵がないことを確認したのだ。土木建築の専門家の瑕疵がないという報告があったから仲井真知事は埋め立て申請を承認したのである。辺野古埋め立て問題は政治問題ではなく公有水面埋法という法律の問題である。

公有水面埋立法（こうゆうすいめんうめたてほう、大正１０年（１９２１年）４月９日法律第５７号）は、日本の 河川、沿岸海域、湖沼などの公共用水域の埋立、干拓に関する法律。

１９２２年４月８日施行、１９７８年（昭和４８年）９月２０日改正。条文は５２条で、関係法令は多数。

対象は「公の水面を埋め立てて土地を造成する」行為とその実施者であり、河川と海域について知事の免許を規定している。なお、海域のうち港湾区域については港湾管理者に権限があるが、港湾管理者や漁港管理者はほとんどが知事（または市町村長）であるため、実質同じといえる。

公有水面埋立法にとって知事が保守系か革新系かは関係がない。埋め立て方法が適正であるか適正でないかである。

前の知事が承認した埋め立てを撤回する目的で新しい知事が審査し直すことは法的にはあり得ないことである。公有水面埋立法は施行されてから９４年になるが翁長知事がやった審査のやり直しは一度もなかった。それは当然のことだ。そんなことをやれば、専門家の審査が信頼されないことになるし、公有水面埋立法の権威が落ちる。翁長知事は公有水面埋立法の９４年間の歴史に唾をするようなものである。

翁長知事がやろうとしているのは安倍政権との対決だけではない。議会制民主主義、法治主義を破壊する行為をやろうとしている。金平氏はそのことを問題にしないで、首相や閣僚が翁長知事に会わなかったことだけを問題にしている。金平氏の目的は翁長知事の卑劣な行為を隠蔽し翁長知事に同情を集めることである。

問題の本質は、普天間基地の辺野古移設という間違った選択にあります。そうです。間違った選択です。世界一危険な在外米軍基地と言われる普天間基地ができる限り早く宜野湾市から撤去されなければならないことは日米両国の合意事項です。問題はその移設先です。もし、貴国のなかで、辺野古のような美しい自然の宝庫のような海を埋め立てて、新たに巨大基地を建設する計画が持ち上がったならば、貴国の住民たちはどのような意思表示をするでしょうか。民主主義の手続きに従えば、たとえば住民投票を行うかもしれません。あるいは代議員選挙で民意を示すでしょう。

「新・ワジワジー通信」

金平氏は大嘘つきである。嘘をついて読者をマインドコントロールしている。

嘘1・埋め立てるのは大浦湾ではない。辺野古崎沿岸であり、大浦湾のごく一部である。辺野古の海も埋め立てないし大浦湾も埋め立てない。

嘘2・大浦湾も辺野古も美しいは嘘。沖縄の海の中では美しくないほうに入る。

大浦湾の北側には広大なカヌチャゴルフ場があるし、カヌチャ以外にも二つのゴルフ場がある。大浦湾の北側のほとんどはゴルフ場である。金平氏はゴルフ場が美しいというのだろうか。

辺野古区の南側を流れている川は赤土で汚染されている。砂浜は赤土が混ざり白くない。

辺野古の浜は美しいと書いているが、その浜も赤土交じりであるし、海の景観も美しいとは言えない。

午後になると太陽は西側になる。東海岸にある大浦湾は、午後は陸のほうから海に光が当たるので海の照り返しがなく薄い青になって西海岸のような沖縄独特の真っ青な色にはならない。それに大浦湾の西側には高い山が並んでいるから、午後三時過ぎの大浦湾は山の陰になって海に光が当たらないで暗くなってしまう。

嘘3・辺野古飛行場を巨大基地というが、普天間基地の三分の二くらいの大きさであり、普天間基地より小さい。

「新たに巨大基地を建設する計画が持ち上がったならば、貴国の住民たちはどのような意思表示をするでしょうか」と金平氏は問いかけているが、キャンプ・シュワブの軍用地内に普天間飛行場より小さい飛行場をつくるのである。それに世界一危険だといわれる普天間飛行場の移設である。自由と民主主義を守る米軍であることを理解している米国民であるから辺野古移設を理解するだろう。埋立地はできるだけ少なくし、大浦湾も辺野古の海も汚染しないのだから米国民なら喜んで賛成するだろう。

沖縄の人々は最近いくつもの選挙を通じて民意を示しました。名護市長選挙、名護市議会議員選挙に続き、沖縄県知事選挙では現職の仲井真氏を退け、辺野古移設反対を明確に公約に掲げた翁長氏を新しい知事に選びました。さらに年末の衆議院議員選挙（貴国の下院選挙にあたります）でも、辺野古移設反対を掲げた議員が全員、移設推進の候補者たちを打ち負かしました。もちろん、このような事実は貴女もご存じでしょう。

「新・ワジワジー通信」

米軍は米国だけでなく世界の自由と民主主義を守るために存在していると信じている米国民は米軍に対する信頼が厚い。米国には共産党や社民党のように米国民が嫌っている社会主義政党はない。米国民は社会主義から日本・沖縄を守るのは米軍の使命だと思っているから、辺野古移設反対しているのが共産党や社民党など社会主義寄りであることを知れば、辺野古移設反対派が当選したのは大きなミステイクだと思うだろう。

米国には日本のように議会制民主主義を毛嫌いし米軍を否定する報道機関はない。米国民が社会主義思想家の稲嶺名護市長や共産党の赤嶺衆院議員を当選させることはない。普天間飛行場の辺野古移設に反対し共産党と握手した翁長知事を当選させることもあり得ないことだ。

最近のいくつもの選挙でのマスコミの報道の実態を米国民が知ったらマスコミを共産主義のようだと思い、マスコミの隠蔽報道に怒るだろう。

最近の選挙すべてが無効であり、すべての真実を県民に知らせた上で選挙をやり直せと米国民は主張するに違いない。

貴女はツイッターによる情報発信を積極的に行っておられますが、それを読んでとても励まされた沖縄の人々も多いでしょう。貴女は、お父上の信念を引き継ぎ、差別を憎み正義の遂行を望んでおられる、と。ですから、マーチン・ルーサー・キング牧師を称賛され、日本国憲法に女性の権利条項を書きこんだベアテ・シロタ・ゴードンさんの名前を記されている。貴女はさらに、日本の一部地域で行われているイルカの追い込み漁に反対する立場も勇気をもって示されました。そこに書かれていた「非人道性」（ｉｎｈｕｍａｎｅｎｅｓｓ）という評価は、イルカに対してばかりか、辺野古の海に生息するジュゴンに対してもあてはまりませんか。いや、沖縄の人々の民意が本土政府から無視され続け、日本における貴国の軍事基地の7

４％がわずか０・６％の国土を占める沖縄に集中している現実に対してこそ、「非人道性」という言葉が使われるべきなのではないでしょうか。

「新・ワジワジー通信」

金平氏はケネディ大使を褒めているように見えながら本音ではケネディ大使を小馬鹿にしている。

「貴女は、お父上の信念を引き継ぎ」と言いながら、ケネディ大統領がソ連と対峙し、局地戦争に取り組んだことを隠蔽し、差別や自然保護のことだけを述べている。ケネディ大使はその程度の政治家だと決めつけているのだ。

そして、ジュゴンは辺野古の海には住んでいないのに住んでいるように言い、辺野古埋め立てがジュゴンに被害を及ぼすなどと真っ赤な嘘をケネディ大使に述べるのである。ケネディ大使は簡単に騙すことができるし、騙してやろうという魂胆が見え見えである。

ジュゴンの棲息に辺野古埋め立ては全然影響しない。ジョゴンは辺野古埋め立てを始めてもいないのに三頭しか生存していない。ジュゴンの減少の原因は米軍基地ではなく沖縄の人口増加、都市化、自然減少などが影響している。

辺野古基地建設とジュゴン絶滅が関係あるというのは嘘である。

全米有色人種地位向上協会（ＮＡＡＣＰ）の理事も歴任され、性的マイノリティー（ＬＧＢＴ）の人権を守るパレードに激励の声を送った貴女であればこそ、正義が遂行されるよう、影響力を行使されることを願ってやみません。沖縄の人々はじっと凝視し続けています。貴女が沖縄で交流した高校生たちの世代も含めてです。

「新・ワジワジー通信」

沖縄は日本の地方自治体であるのだから沖縄だけの人種問題というのはない。強いて言えば、復帰前、沖縄人が政権を握っていた頃は沖縄人による奄美人差別、韓国人、フィリピン人、台湾人差別があった。生活保護の支給費はフィリピン人とのハーフは白人とのハーフの半分以下だったらしい。奄美大島が祖国復帰したら沖縄の公務の場からすべての奄美人を排除した。復帰前の歴史的事実である。

復帰前の沖縄には人種差別があった。しかし、復帰して日本の法律が適用されるとそのような人種差別はなくなった。

金平氏はケネディ大使が正義を遂行し影響力を行使するのを沖縄の人々はじっと凝視しているというが、ケネディ大使の行動は沖縄ではほとんど報道されない。沖縄の人々がケネディ大使の行動を凝視しようにもできない。

ケネディ大使に向けたコラムであるような書き方であるが、本当は県内の読者に向けたコラムである。

事実を隠ぺいし、嘘をついて読者をマインドコントロールする。それができるから、金平氏はプロの一流ジャーナリストなのかも知れない。

植草一秀の辺野古論の根本的間違い

植草一秀氏の「知られざる真実」２０１５年7月２８日（火）に「すべては本体工事着手実現へのアシストだった？」の題名で翁長雄志知事が埋め立て承認の撤回および取消を今日まで行わなかった理由を説明している。

植草氏は翁長雄志知事が埋め立て承認の撤回および取消を今日まで行わなかった理由は国に本体工事をさせるのが目的であると述べている。

植草氏は、「本体工事に着手するために、通らねばならないプロセスがある」と言い、それは、県による埋め立て承認の留意事項のなかに、

「本体工事に入る前に事前協議すること」という条件が付されているから、事前協議のプロセスを経ずに本体工事に入ることができないと植草氏は強調している。

「安倍政権が辺野古米軍基地建設を強行推進して、既成事実を積み上げるためには、この『事前協議』が必要不可欠なのである。これが核心である」

もし、翁長知事が埋立承認を撤回ないし取り消しをしていたならば「事前協議」ができないから国は本体工事に着手することはできなかったと植草氏は述べている。

植草氏の的が外れた分析である。

いくら国といえども、埋め立て承認に明記されている『事前協議』のプロセスを経ずに本体工事に入ることはできない。『事前協議』に入るためには、必要書類の提出が必要不可欠である。

逆に、必要書類を提出さえしてしまえば、『事前協議』の必要要件を満たしたとして、県が協議に応じなくても、『県が協議をはねた』として、本体工事に入る大義名分を得たと主張することになるだろう。つまり、沖縄県はこの書類を受け取ってはならなかったのである。

沖縄県は『不受理』としているが、現実に書類は受け取っているのだ。知事が戻って対応を協議すると言うが、すでに書類を受け取ってしまったことは事実である。ではどうするべきであったのか。

提出書類を受け取ってはならなかったのだが、そのためには、明確な法的根拠が必要である。

明確な法的根拠とは、沖縄県が埋め立て申請承認を撤回または取消することである。

沖縄県が埋め立て承認を撤回または取消していれば、沖縄県は防衛省が提出する書類を受け取る必要がなくなる。『受理』とか『不受理』とかを言う前に、書類そのものを受け取ることを敢然と、正当に拒絶できるのだ。しかし、埋立承認を撤回ないし取り消すまでは、提出書類を受け取らない正当な根拠がない。

翁長雄志知事が埋め立て承認の撤回および取消を今日まで行わなかった最大の目的は、この『事前協議』のプロセスを国に付与することにあったのではないか。

「知られざる真実」

翁長知事は国に埋め立て工事をさせるために故意に埋立承認取り消しをしなかっ

たと植草氏はいうのである。そして、「本体工事に入って、本体工事が進展すると、のちに知事が埋め立て承認を取り消しして法廷闘争に移行しても、『訴えに利益なし』の判決が示される可能性が格段に高まる」と植草氏は述べている。

植草氏は「翁長雄志知事の行動は、国による本体工事着工の『アシスト』をするところに、本当の目的があるのではないかと推察される」と結論づけている。

翁長知事は第三者委員会の瑕疵があるという報告を受けながらまだ、埋め立て申請の取り消しをやっていない。7月31日に菅官房長官と会談したが第三者委員会の報告書を踏まえ、埋め立て承認の取り消しも辞さないという考えを示したが取り消すと断言はしていない。

「第三者委員会の件もですね、法律的な瑕疵（かし）があるということで、これをベースにしながら、これからいろいろ議論もさせていただきたい」と埋め立て申請を取り消すのではなく瑕疵があるということをベースにしながらいろいろ議論するというのである。

植草氏の指摘は確信をついているように見える。しかし、そうではない。植草氏は事前協議なしには国は埋め立て工事ができないと思っているが、実はそうではない。もし、翁長知事が埋め立て申請を取り消したら事前協議は成立しないから行われないだろう。しかし、だからといって国が埋め立て工事を中止することはない。

事前協議は県が求めたものであり、事前協議は単なる話し合いの場であって埋め立てに対して県が何らかの法的な規制ができるものではない。

第三者委員会は翁長知事の私的な諮問機関であり辺野古埋め立てに対して法的権限はない。法的な権限がないのに埋め立て申請の取り消しをしたとしても国は取り消しに応じる必要はないし、事前協議は県のほうから拒否したと解釈することができるから埋め立て工事に何の支障もない。

植草氏は第三者委員会や事前協議に法的な権限があると思っている。それは植草氏の勘違いである。第三者委員会や事前協議にはなんの権限もない。学者は言葉の意味をそのまま受け入れる傾向があるが、政治の世界ではそれは通用しない。植草氏は翁長知事問題では学者の弱点をさらけ出している。

なぜ、翁長知事は埋め立て申請の取り消しをまだやらないのか。理由は取り消しをすれば政府との会談ができなくなるからである。7月31日に菅官房長官と会談した翁長知事は8月7日には安倍首相と会談する。もし、申請を取り消していたなら翁長知事と政府は断絶状態になる。翁長知事が政府首脳と会談することはできなくなる。

翁長知事が一番恐れているのは政府と断絶することである。断絶すると翁長知事は会談を通じて圧力をかけることができなくなる。政府との妥協点を見つけることもできなくなる。第三者委員会の報告を根拠に埋め立て申請を取り消せば翁長知事のほうが窮地に追いやられるのだ。

承認取り消しは「最も効果的手段」…沖縄県幹部

移設阻止を目指す翁長氏は、承認取り消しを「最も効果的な手段」（県幹部）と位置づけている。しかし、政府と全面対決すれば、来年度の沖縄振興予算などに影響が及びかねないと懸念している。8月7日には、安倍首相に振興予算で陳情する予定だ。

「読売新聞　7月31日㈮」

政府は辺野古埋め立てを穏便に進めたい。だから翁長知事との会談をやっている。しかし、国は辺野古埋め立てを着実に進めることに揺るぎはない。国は駆け引きというより計画を着実にかつ穏便に進めるために翁長知事と会談をしているのであって駆け引きはしていない。

翁長知事は第三者委員会の瑕疵の報告をネタにして駆け引きをしようとしている。翁長知事は、承認取り消しを「最も効果的な手段」と位置づけていると県幹部は言っているようだが、それは翁長知事の願望であって現実ではない。沖縄の政治家が法に無知であることをさらけだしてしまうだけだ。

国と県が移設の本体工事前に行う事前協議を翁長知事が取り下げるよう要求しても、中谷防衛相は、「事前協議は県側から求められているものだ」として、文書の取り下げには応じない考えを示し、菅官房長官も工事を進める政府の立場に変更はないことを伝え、翁長知事に「再考してもらいたい」と要求にしている。翁長知事のやり方は国に通用しないことを予感させるのが国の文書の取り下げ拒否である。

植草氏は翁長知事の私的諮問機関でしかない第三者委員会の報告書に法的な効力があると信じている。だから、

「辺野古問題の「核心」は、国が本体工事に着工することを、翁長知事が阻止できるかどうかにかかっていると言って過言でない」と翁長知事に辺野古埋め立てを阻止できる権限があると信じているのである。それが植草氏の根本的な間違いである。

翁長知事に辺野古埋め立てを阻止できる権限はひとつもない。第三者委員会には公的な権限はない。だから第三者委員会が主張する瑕疵は絵に描いたもちである。そのことを知らない植草氏である。

辺野古移設に反対である植草氏の目は辺野古問題を客観的に見る能力を失っている。それでも学者かと言いたい。

沖縄の現実とかけ離れた
坂本龍一の沖縄民主主義論

ニューヨーク在中の坂本龍一氏は沖縄タイムスの単独インタビューを受けた。坂本龍一氏は沖縄の音楽だけでなく沖縄の政治にも関心があるミュージシャンである。政治と音楽は違う世界である。ミュージシャンの視点で政治を考えるのは止めるべきである。

法律に素人である坂本氏が日本政府がやっていることは法を無視したやり方だと思ってしまう根拠はマスコミ情報にある。彼が得たマスコミ情報は事実とは違うようである。

政府は法治主義に徹しているし徹しなければならない。政府が法を無視すればすぐに訴訟を起こされて、裁判で負ければ内閣は解散しなければならない。議会制民主主義国家では政府が一番法律を守らなくてはならない。そのことを坂本氏は認識していないようである。

沖縄は第２次世界大戦では多大な犠牲を払ったが、戦後は違う、戦後は犠牲を払っていない。米軍が統治していた時代は、マラリアなどの病気を米軍が駆逐し、米民政府によって沖縄の民主化が進んだし、米国の援助で経済も発展した。戦前に比べて戦後の沖縄は平和で生活が豊かになった。その事実を坂本氏は知っているだろうか。坂本氏の文章からはそのことを知っていないように感じる。沖縄二紙や本土のマスコミ報道を信じている坂本氏は、沖縄は何十年も米軍基地を押し付けられて大きな損害を受けていると信じている。そして、沖縄に罪はないのになぜ沖縄は犠牲を払わなきゃいけないのかと思っている。

確かに戦闘機の墜落、米兵による婦女暴行、交通事故、騒音など米軍基地被害はあった。しかし、それは事件・事故である。沖縄人の社会生活に悪影響を与えるような米軍による弾圧や搾取はなかった。むしろ米軍は三権分立、議会制民主主義社会をつくり沖縄の民主化を進めていった。坂本氏のいうように基地を押し付けられたがゆえの大きな損害というのはなかったし、罪がないのに犠牲を払わされたというのもなかった。坂本氏は事実とは違う認識をしている。

「やっと雪解けが来るのかと思ったら、また新たに軍事基地を建設して貴重な自然を壊す。何でそこまでして沖縄が犠牲を払わなければいけないのか。本土の人間としても全く不可解です。いろんな記事を読むと米軍は、海兵隊は沖縄から出て行きたいけど、止めたのは日本政府だと。防衛ということはあるんでしょうけど。沖縄の貴重な自然を壊してまで米軍に居てもらうことで、そんなに大きなメリットがあるんでしょうかね。よく分かりませんけど全く不可解としか言いようがないですね」

と、坂本氏は述べているが、坂本氏のいう新たな軍事基地とは辺野古飛行場のことである。辺野古飛行場は普天間飛行場を移設するためであり、辺野古飛行場が完成すると普天間飛行場は閉鎖撤去する。新基地建設ではない。普天間飛行場の移設だ。そのことを坂本氏は知らないようだ。

辺野古移設の始まりは２００２年９月２７日稲嶺知事が県議会で１５年使用期限の解決なくして着工はないとの立場を表明。１１月１７日　県知事選で稲嶺氏が大差で再選された時から始まっている。

２００４年８月１３日に米海兵隊ハワイ所属の大型輸送ヘリＣＨ５３Ｄが沖縄国際大学の一号館本館に接触、墜落、炎上したにも関わらず、辺野古移設反対派がボーリング調査を暴力的に妨害したことで辺野古沖への移設は実現できなかった。その事実を坂本氏は知っているだろうか。

その後、２００６年４月７日島袋名護市長がＶ字型滑走路を提案し、政府と合意した。宜野座村も政府と基本合意書の締結をした。最終的には２０１０年６月４日菅直人首相が日米合意の踏襲を明言した。２０１０年６月４日で辺野古移設の政治決着がついたと判断するのが常識である。辺野古移設が最終的に決まったのは民主党政権時代であった。辺野古飛行場建設が決まったから沖縄防衛局は辺野古埋め立て申請をしたのである。そして、申請が承認されたからボーリング調査が始まったのだ。

政府は議会制民主主義のルールに則って辺野古基地建設を進めたのである。坂本氏は辺野古移設の過程を無視している。ボーリング調査を始めたことが辺野古移設の始まりではない。ボーリング調査を始めたのは辺野古移設が結着したからである。辺野古移設結着までは関心がなくて、ボーリング調査を始めてから辺野古移設の始まりだと思い込んでいる坂本氏は無責任な発言をしている。

海兵隊が沖縄から完全撤去することを止めたのは日本政府である。だから、米軍を撤去させたフィリピンは中国に侵略されたが、日本は中国の侵略を防ぐことができた。もし、沖縄から米軍が撤去していたら、中国による沖縄への侵略行為はひどくなっていただろう。

辺野古飛行場は普天間飛行場を移設するために建設するのであり、辺野古飛行場ができると普天間飛行場は撤去され民間の土地になる。坂本氏が普天間飛行場のことを話さないことはおかしい。それに辺野古基地は現在も軍事基地であり建物が建っているから自然を破壊することにはならない。沿岸部を埋め立てるが規模としては小さいし自然破壊にはならない。米軍が自然を破壊しているというのは坂本氏の認識の誤りである。

「この夏に注目を集めた安保法制にしても、民意が反映されない民主主義というか疑似民主主義がこのところ目立っていますよね。だけども少なくとも沖縄に関して言えば選挙結果と民意は一致しているわけですね。しかしそれを中央政府は認めない。中央と地方の問題ということになりますが、翻って中央の安保法制を見ると、政府寄りと言われる新聞まで安保法制に反対という民意の方が大きいのに採決を強行してしまった。完全に民意と国会や政府がねじれて、反映されていないという状態です。今の日本の民主主義に疑問を抱かざるを得ない状況が続いていますね」

坂本氏の指摘はもっともであるように見えるが、しかし、そうではない。坂本氏は「民意が反映されない民主主義」を問題にする前に、なぜ日本は民意がストレートに反映する直接民主主義ではなく、議員を選挙で選ぶ間接民主主義の議会制民主主義であるかを考えるべきである。

政治は複雑で奥が深い。今日明日のことだけでなく将来のことも考えなければならない。専門家でなければ日本社会を運営することはできない。もし、直接民主主義であれば国民は日本や世界の政治や経済を勉強しなければならないし、どのような政策をしなければならないかを研究しなければならない。仕事をしながら政治をするのは無理である。だから、国民の代わりに政治を行う政治家を選挙で選び、政治家に国の運営を任すのである。それが議会制民主主義である。

直接民主主義であったならば賛成反対が拮抗している場合は、今日はA案が賛成過半数であるが、明日はB案が賛成過半数になり、明々後日は再びA案が賛成過半数になるということが起こるだろう。それでは政治がめちゃくちゃになる。それに比べると政治の専門家である議員が賛成多数で決めたほうがいい。もし、安保法制に国民が反対であったなら、次の選挙で安保法制反対の候補者を当選させて安保法制を廃棄すればいい。

政治の専門家がつくった安保法案が国民のためになるかならないかは後になって分かることだ。与党の主張が正しいかそれとも野党の主張が正しいかを国民が判断するのは困難な場合もある。国民が後で判断して、それを選挙に反映させるというのも議会制民主主義には必要である。

「少なくとも沖縄に関して言えば選挙結果と民意は一致している」と坂本氏は述べているが、坂本氏は２０１０年の辺野古区、名護市、県の三者が辺野古移設に同意したから辺野古移設に決まったことを知らない。翁長知事は一度決まった辺野古移設をしかも県が埋め立て申請を承認したにも関わらず阻止しようとしているのである。それは違法行為である。それに辺野古移設は宜野湾市民の生命の安全を守るためである。辺野古に移設できなければ普天間飛行場は固定化して宜野湾市民を苦しめる。その事実を坂本氏は知らない。

坂本氏は安保法制に国民の多くが反対したのに国会で決議したことを民意が反映されていない疑似民主主義と言い、本当の民主主義ではないと主張している。坂本氏の考えは正しいだろうか。

政治家にしろ国民にしろ政治判断をするには情報が必要である。情報量が多ければ多いほど正確な判断ができる。国民の得る情報は政治家に比べると非常に少ない。国民が正確な判断をするのは困難である。それに、このことが最も重要であるが、国民が得る情報は報道からである。嘘の報道があり、それを国民が信じるのであれば国民は間違った判断をしてしまう。

安保法案を戦争法案であると報道すれば多くの国民は安保法案は戦争をやるための法案だと信じてしまう。事実、民主党、共産党、社民党、評論家などは安保法案を戦争法案であると主張し、そのような報道が圧倒的に多かった。安保法案を正確に理解する国民は少なかった。戦争法案だと嘘を信じている国民が多かった。果たして、それを民意と言えるだろうか。

安倍首相は南沙諸島に侵略している中国に対して国際法を守るように忠告をしている。安倍首相は国際法の遵守を主張しているのであり、安保関連法案も国際法を守る法律であり、戦争法案ではない。

もし、安保関連法案が戦争法案であり、野党が主張しているように自衛隊が米軍と一緒に前線に出て戦争をしたなら、国民は安倍政権に反対し、選挙によって自民党は与党の座から引きずり下ろされるだろう。そして、新しい政権によって安保関連法案は廃棄されるだろう。

坂本氏は日本の議会制民主主義のシステムを考慮しないで、国民の過半数が安保関連法案に反対しているのに自民党が法案を成立させたことに対して日本の民主主義は疑似であると述べている。それは坂本氏が議会制民主主義を理解していないからである。

沖縄では辺野古移設反対派の翁長氏が知事になった。だから辺野古移設反対が民意と選挙結果が一致しているのに中央政府は認めないことを坂本氏は批判している。

しかし、辺野古移設は２０１０年に政府、県、名護市、辺野古区４者がＶ字型滑走路飛行場建設で合意した。建設合意ができたから沖縄防衛局は辺野古埋め立て申請書を出したのである。坂本氏はこの事実を把握していないようである。４者が合意し、埋め立て申請も承認されたのに翁長氏は辺野古移設に反対して知事選に立候補したのである。しかも、普天間飛行場の県外移設の翁長陣営と閉鎖・撤去の革新がそのまま主張を変えないで、辺野古移設反対を選挙公約にして連帯をした。そして、選挙戦を闘った。

辺野古移設は普天間飛行場問題を解決するのが目的である。辺野古移設反対は普天間飛行場問題を解決するものではない。県外移設と閉鎖・撤去は普天間飛行場問題を解決する方法であるが、県外移設と閉鎖・撤去は違う解決の方法であり、県外移設派と閉鎖・撤去派が手を組むことはできない。二派が手を組むにはどちらか一つに絞らなければならない。ところが翁長知事と革新は主張が違うのをそのままにして辺野古移設反対を選挙公約にして手を組んだのである。それは普天間飛行場問題を放棄したことになる。政治家として選挙公約にしてはいけないのを選挙公約にしたのが翁長知事であり革新であった。

辺野古移設を阻止することは普天間飛行場を固定化することであり、翁長知事と革新の辺野古移設反対の選挙公約は普天飛行場固定化であった。

坂本氏は音楽家である。政治家ではないし、沖縄の政治について詳しくない。だから、翁長知事の辺野古移設反対の選挙公約が普天間飛行場固定化になることに気付かない。

「辺野古で続く市民の抗議集会やデモなどの意思表示について」という新報記者の質問に、坂本氏は、

「政府がきちんと法律に基づき、民意に基づいて行動してくれるならばそういうことはする必要はないんでしょうけども。先方がそうしないもんだから。選挙結果もきちんと出している、世論調査のアンケートでも結果もはっきりしているのにそれを無視するんだから、それ以外の他の方法を取らざるを得ないというのは当然のことです。民主主義というのは何年に1回ある選挙の1票だけというのは全く間違った考えです。民主というのは国民が主権であるということです。『デモクラシー』の語源をたどれば『デモス』(民衆)の『クラシー』(政治を統べる)ということですから、本来なら『民衆が政治をやる』という意味なんですよ。ですが1億人が寄ってたかってワーワー言っても収拾がつかないので代表制ということになっているわけです。でも、それは現実的にそうせざるを得ないからというあくまで仮の姿であって、本来は民衆一人一人が自分の意見を述べることが本来の民主主義です。だから1人でも10人でも100人でも、意見があれば堂々と言うということは当たり前のことなんです」

と述べている。

坂本氏は政府を理解していない。政府は法律を守っているし、辺野古移設は法律に則って進めた。議会制民主主義国家における法治主義の倫理を守っていないのが翁長知事である。そして、キャンプ・シュワブの移設反対派は辺野古移設に徹底して反対し続けているだけであり、彼らにとって法律は関係がない。なにがなんでも辺野古移設を阻止するという思想に凝り固まっているだけである。もし、辺野古移設賛成の知事が当選しても、彼らは同じ行動をしていただろう。

キャンプ・シュワブでの深刻な問題は抗議集会やデモなどをやっている市民がゲート前で座り込み、基地内に入ろうとする車やトラックの進入を実力で止めていることである。それは業務妨害の違法行為である。坂本氏のいう民主主義が違法行為を認めることはないだろう。民主主義は意見があれば堂々と言うのは許されるが、自分の主張と違う者を暴力的に押さえつけるのは許さない。キャンプ・シュワブの違法行為を本来の民主主義は許さないのだ。残念ながら坂本氏はキャンプ・シュワブで毎日繰り返されている違法行為については知らない。機動隊が横暴であり、キャンプ・シュワブの市民を弾圧しているという報道だけが流され、それからしか情報を得ることができない坂本氏は政府が法治主義に徹していることもキャンプ・シュワブの違法行為のことも知らないのだ。残念なことである。

タイムス記者の「現在の日本で『平和』や『言論の自由』はどのような状況にあると思いますか」という質問に、

「非常に危機的な状況にあると思います。昨今、急にそういう記事を目にしますけど、例えば憲法９条の『９』と書かれたＴシャツを着ていたら警官に呼び止められたとか、学校で『平和』とか『ｐｅａｃｅ』というタグをかばんに付けていたら先生に注意されたとか。まるで平和とか自由とかいう言葉が悪いかのように。戦前は『社会主義』じゃなくて、ただ『社会』という言葉の付いた本を持っているだけで特別警察とか憲兵が来て捕まえていくというひどい状態だったわけですけど。そんなことにもなりかねないような兆しがもう既に始まっています。これがどこに向かうのか、非常に不安だし、良くない」
と坂本氏は述べた。

どこからの情報だろうか。嘘くさい話である。憲法９条と書かれているなら少しは現実性があるが「９」だけの数字なら、単なる数であり、憲法と関係がない。警官が呼び止めることはあり得ない。例え「憲法９条」と書いてあったとしても呼び止めることはあり得ない。もし、呼び止める警官がいたとしたらその警官が異常である。そんな病的な警官がいたとしても一人か二人くらいであるだろう。ほとんどの警官はそんなことをしない。学校は日教組が牛耳っている。「平和」とか「ｐｅａｃｅ」は日教組好みである。デモや集会ではプラカードを掲げているくらいだ。「平和」とか「ｐｅａｃｅ」はむしろ先生の方が生徒たちに広めている。先生に注意されたということはかばんにタグをつけるのを学校で禁じていたからだろう。

「9」のことといい「タグ」のことといい、あり得ない話である。それが事実だとしても極一部の話である。それが社会全体に広がることはあり得ない。戦前であっても、「社会」という言葉の付いた本を持っていたら特別警察とか憲兵が呼び止めて本を調べることはあったとしても、社会主義と関係のない本だったなら捕まえていくということはあり得ない。作り話に近い話を信じるのはおかしい。しかし、坂本氏は信じている。そして、不安を感じている。そして、警官や先生の行為は彼らの意思ではなく、

「しかもそれは、誰かが命令してそうさせたのかっていうと、なんとなくなんですよね。安倍首相が一つ一つ命令したわけではないのになんとなくそういう空気が広がっていく」

と信じている。坂本氏は妄想の中に入ってしまって異常な心理状態になっているとしか思えない。

「あぁこうやってファシズムって広がっていくんだなと感じます。しかもそれは恐ろしい勢いで短時間に進んでいく。副総理が『ナチスに学べ』と言ったらしいですけども、ナチスがやったことと非常に似ていることが今起きていて、ナチスが全権を取るまでに非常に短期間で、1年以内にやっている。その前段として徐々にだんだん党員を増やしたりということはあるんですけど、いざ始まったらすべての反対意見はシャットアウトする、というファシズム体制が1年以内に築き上げられた。

今から来年というのがそうなりかねない状況なので、私は非常に大きな危機感を持っています」

坂本氏は音楽家であり、音楽は観念世界である。坂本氏は観念の世界に埋没しているために、妄想が広がり、妄想がまるで現実のように思えてくるのだろう。坂本氏に不足しているのは現実世界を客観的に観察することである。

坂本氏は「今から来年というのがそうなりかねない状況」と述べているが、日本社会がそんな短時間で変わることはあり得ない。ひどい妄想である。

音楽は観念世界で創作する。観念世界は現実と違って自由に世界を描く。観念世界では世界大戦も思い描くことができる。「ファシズム体制が1年以内に築き上げられた」から日本がそうなりかねないと坂本氏は危機感を持っているが、それはわずかな事実をネタにして坂本氏の観念世界で作り上げた妄想である。日本の現実を客観的に観察すれば坂本氏の考えは荒唐無稽であることが分かる。

坂本氏が政治について話すなら、音楽家としての立場から離れ現実を政治の視点から判断しなければならない。しかし、坂本氏は音楽家の視点から政治的な判断をしている。だから非現実的な政治論を述べてしまう。百田問題についてもそれが露骨に表れている。

6月に自民党の若手勉強会であった一連の報道圧力や百田発言などについて、「政府に反対する意見を述べるメディアや個人は全部しょっぴく、あるいは潰

（つぶ）してしまうという体制は全体主義ですよね。明確に自民党の人たちがそういう意識を持っているということがはっきりしている。面と向かってそういう体制が好きですか？　そうなってほしいですか？　と聞けばまだほとんどの人は嫌だ、困ると言うでしょう。ただ、そう単刀直入には聞いてこないで、じわじわと自主規制させるような空気がすでに気が付かないうちに始まっている。自分たちが明確な意識を持たないうちに自主規制が広がっているのは非常に大きな問題です。敏感にそういうことに目を向けてできるだけ明確に反対意見を言わないと、全体主義体制になってしまうでしょうね」

と坂本氏は述べている。坂本氏が自由、人権、民主主義にこだわっているからこのような主張になる。だから、坂本氏の思想は素晴らしいものである。ただ、事実を正確に把握していないから百田氏や自民党に対して歪んだ目で見てしまう。

「政府に反対する意見を述べるメディアや個人は全部しょっぴく、あるいは潰（つぶ）してしまうという体制は全体主義ですよね」

百田氏も自民党議員もそんなことは言っていない。自民党政府によって全体主義体制が確立すると思うのは妄想である。

坂本氏の理念は立派であるが現実認識が欠落している。

辺野古を日本民主主義の先端とうそぶく國分功一朗

哲学者の國分功一朗氏（高崎経済大学準教授）の最新刊の「民主主義を直観するために」の最終章の「辺野古を直観するために」に次のように書いている。

自分は今、辺野古に来てみて、ここに日本の民主主義の先端部分があると感じている。かつて、マックス・ウェーバーという社会学者は、国家を暴力の独占装置として定義した。辺野古では、そのような国家の姿がまさしくむき出しの状態であらわれているのではないか。選挙で何度も民意を表明しても、国家は平然と無視する。そして、その無視に抗議する住民たちを押さえつけようとする。国家は暴力の独占装置であるが、普段はその姿を現しはしない。実際は常に潜在的な脅威に留まる。実際に暴力が現れるのは極限状態においてである。暴力が実際に行使されるとすれば、それはその現場が極限状態にあるからだ。その無意味で、辺野古は極限状態にある。そして、この辺野古の闘いとは、そうした極限状態において民主主義を守ろうとする闘いであろう。その意味で、ここに日本の民主主義の先端部分がある。

「民主主義を直観するために」

マックス・ウェーバーが定義した「国家は暴力の独占装置」はその通りである。封建国家であろうと独裁国家であろうと社会主義国家であろうと議会制民主主義国家であろうと国家が暴力の独占装置であるのは同じである。暴力の独占装置ではない国家なら内戦状態であり複数の暴力装置があり。国家が分裂している状態である。ＩＳＩＳに侵略されているイラクや内戦状態であるシリアがそうである。

國分准教授は、国家は暴力の独占装置であると述べ、その暴力装置が民主主義を抑え込むものであるとしているが、それは間違った考えだ。暴力の独占装置が民主主義を抑え込むのは封建国家、独裁国家、社会主義国家の非民主主義国家である。議会制民主主義国家は民主主義を抑え込むことはしない。

マックス・ヴェーバーは１８６４年４月２１日生まれ、１９２０年６月１４日死亡の１００年前のドイツの社会学者・経済学者であり、マックス・ウェーバーが見た国家は１００年以上も前の国家である。現在の国家ではない。國分准教授はマックス・ウェーバーが見た１００年前の国家を現在の日本国家と同じように見て、日本国家の暴力の独占装置は民主主義を抑え込む暴力装置だと決めつけている。國分准教授は議会制民主主義を理解していない哲学者である。

日本は議会制民主主義国家である。その日本が民主主義を抑え込むとはあり得ないことであるが、國分准教授はそれが辺野古には存在すると述べている。その証拠として「選挙で何度も民意を表明しても、国家は平然と無視する」を上げている。國分准教授のいう選挙は名護市長選と知事選と衆議院選の三度の選挙を指している。

２０１０年は辺野古移設に賛成し、政府と同意の確約を取った島袋吉和市長と辺野古に基地を造らせないとする稲嶺進氏の名護市長選になり稲嶺氏が当選した。辺野古移設反対の稲嶺氏が当選したが、その時にはすでに辺野古区、島袋前市長は政府と移設容認の確約をしていた。仲井真知事も了承していた。そして、２０１０年に民主党政権の時に菅首相は辺野古移設を米政府と確約した。稲嶺新市長が辺野古移設に反対しても法的な有効性はなかったのである。

２０１４年には県知事選が行われ、辺野古移設反対を公約にした翁長雄志氏が当選した。しかし、その時にはすでに２０１０年に辺野古移設は決まり、辺野古崎沿岸の埋め立ても仲井真知事が承認した後だった。辺野古移設が決まり、埋め立てが承認された後に、翁長氏は辺野古移設反対を選挙公約にして当選した。公約そのものが有効性のない公約であった。

２０１４年１２月１４日には衆議院選があり小選挙区では辺野古移設反対を公約にした候補者４人全員が当選した。一方小選挙区で落選した自民党候補は全員比例で当選した。

名護市長選、県知事選、衆議院選で辺野古移設反対を主張した候補が当選したが、政府は辺野古移設を中止しなかった。國分准教授はそのことを「選挙で何度も民意を表明しても、国家は平然と無視する」と批判したのである。しかし、國分准教授の批判は一方的である。国が法に従って民主的な手続きで決めた辺野古移設を無視したのは稲嶺市長、翁長知事、四人の衆議院当選者であった。

一度決まった辺野古移設を選挙で中止できるという法律はない。議会制民主主義は法治主義である。選挙で何度も民意を表明しても、その民意に従わなければならないという法律はない。國分准教授の理論は議会制民主主義を無視している。

翁長知事は仲井真前知事の埋め立て承認は瑕疵があると判断して承認取り消しをした。翁長知事による埋め立て承認取り消し処分に対して石井啓一国土交通相は是正指示を出した。国地方係争処理委員会は適否を審査し判断を下す。判断に納得しなければ裁判に訴え、最高裁の判決が最終的な結論になる。これが議会制民主主義である。國分准教授は議会制民主主義を無視している。

民主主義の根本は選挙にあり、選挙で示した民意にあり、選挙結果を無視している国に抗議する住民たちこそが民主主義を守る闘いをしていると國分准教授は主張している。(國分准教授は辺野古に集まっている人たちを「住民たち」と呼んでいるが、彼らの中に地元である辺野古区の住民は居ない。辺野古区の住民は辺野古移設を容認しているし、飛行場建設予定の土地の地主も建設に賛成している。辺野古移設反対の人たちは県内や県外からやってきた他所の住民である。辺野古の住民ではない)。


国家は暴力の独占装置であることは國分准教授の言う通りである。その暴力装置は警察である。國分准教授は実際に暴力が現れるのは極限状態においてであると言い、辺野古では極限状態であると述べている。つまり、辺野古では警察の暴力が現れているというのである。国家の暴力の独占装置である警察は辺野古で民主主義を抑え込んでいるというのである。國分准教授は議会制民主主義を理解していないことを露呈している。

議会制民主主義国家では衆議院の過半数を握った政党が政権を運営する。自民党政権の前は民主党が政権を握っていた。もし、共産党が衆議院の過半数になったら共産党が政権を握ることになる。共産党が政権を握れば日米安保を破棄し、米軍基地を撤去するだろう。当然辺野古移設は中止するし普天間飛行場は撤去する。共産党が政権を握っていたら辺野古移設反対運動は起こらなかった。だから国の暴力装置による抑え込みはなかった。

議会制民主主義国家でありながら、国の政権を握っているのが自民党であるなら国家の暴力の独占装置である警察は移設反対運動を抑え込むが、国の政権を握っているのが共産党であるなら移設反対運動は起こらないから国家の暴力の独占装置である警察が移設反対運動を抑え込むのは起こらない。議会制民主主義国家である暴力の独占装置である警察は法律を守る暴力装置である。民主主義を抑え込む暴力装置ではない。辺野古の警察は辺野古移設反対運動を抑え込んでいるのではない。辺野古移設反対派の違法行為を取り締まっているのである。

議会制民主主義国家では国民の選挙によって衆議院の過半数を取った政党が政権を運営する。政権は国民の代理であると考えるべきである。また、国のやり方に反対であれば裁判に訴えるのが議会制民主主義である。

しかし、辺野古に集まって辺野古移設反対運動をしている連中はゲートや国道に座り込みをして車両を止めたり、進入禁止のフロートを超えてボーリング調査を阻止しようとする。それは違法行為であり、議会制民主主義国家では警察が排除する対象である。

國分准教授は辺野古の闘いが民主主義を守る闘いであると述べているが、それはとんでもない勘違いである。辺野古の闘いは議会制民主主義の法律を破っている違法行為である。

照屋寛徳衆議員の2015年11月19日のブログに座り込み闘争のことを掲載している。「辺野古新基地建設反対の座り込み闘争に1，200人が結集した。シタイヒャー（やったね）」と述べ、1，200人の座り込みに、警視庁から派遣された屈強な機動隊も県警機動隊員、沖縄防衛局が雇う民間警備員や米兵らも手も足も出せず沈黙に追い込まれ、工事関係車両も一切出入りできなかったと述べている。座り込み闘争の目的は辺野古新基地建設を阻止することである。照屋衆議員は党派を超え、イデオロギーを超えて平和と自らの人権と尊厳、自己決定権をかけて闘っていると述べている。これが國分准教授のいう辺野古の民主主義である。

辺野古の民主主義は議会制民主主義とは違う民主主義である。議会制民主主義は法治主義であり、法律に違反した行為は禁じている。ゲート前に座り込み、車両の出入りを止めるのは違法行為である。違法行為を取り締まるのが国家の暴力装置である警察の役目であるから座り込んでいる者を排除する。排除することを國分准教授は国の暴力が実際に行使されていると述べている。國分准教授が支持する辺野古の民主主義は違法行為を繰り返して議会制民主主義を否定している。議会制民主主義は辺野古の違法行為は許さない。

議会制民主主義を否定する辺野古の民主主義はどんな民主主義なのだろうか。キャンプ・シュワブで有名な人が山城博治氏である。彼は社民党員であり沖縄平和運動センターの議長である。

議　長　山城　博治　社民党
幹　事　仲里　博恒　高教組
副議長　比嘉　京子　社大党　〃　大城由美子　第一次産業労連
〃　福元　勇司　高教組　〃　下地　敏男　社民党
事務局長　大城　悟　自治労

議長が社民党で幹事は高教組、副議長は社大党と高教組である。沖縄平和運動センターは、自治労、私鉄沖縄、全港湾、沖教組、高教組、社大党、マスコミ労協、全水道、労金労、労済労などの沖縄の労働組合が結集した組織である。平和運動センターは反基地・反安保・反自衛隊闘争、反核の組織であり、辺野古建設断固阻止を目標にしている。「沖縄の歴史的、地理的な特性を生かしつつ、平和と民主主義を守るための運動体として、県民運動をはじめ、全国および国際的視野に立って反戦平和運動をすすめていくことを目的に」平和運動センターは設立された。

辺野古では平和運動センターだけでなく統一連も参加している。統一連は沖縄共産党の実行部隊である。共産党は二段階革命が党方針であり、暴力革命を目指している政党である。沖縄県統一連の正式名称は「安保廃棄・沖縄県統一連」であり、米軍普天間基地の閉鎖・撤去、辺野古新基地建設ストップを掲げてキャンプ・シュワブで闘っている。

辺野古の運動は共産党、社民党、左翼労組を中心とした運動である。國分准教授も社民系の沖縄平和運動センターも共産党系の統一連も辺野古の運動を民主主義運動と位置付けているが社民党、共産党は左翼である。議会制民主主義を否定する彼らの民主主義は左翼民主主義と言えよう。左翼民主主義は左翼イデオロギーを実現することであり、議会制民主主義を否定している。だから、平気で違法行為を正当化するのである。

議会制民主主義は左翼民主主義ではないし、右翼民主主義でもない。そして、人民民主主義でもない。人民民主主義は労働者と農民を基礎としているが、議会制民主主義は国籍所有の国民を基礎としている。１８歳以上の日本国籍を持っていれば日本民族であろうと他の民族であろうと投票をすることができるし。労働者や農民だけでなく資本家や商売人や地主も選挙をすることができる。立候補して議員になることもできる。

議会制民主主義の闘いの場は議会である。勝負は多数決である。辺野古の現場には議会制民主主義の闘いの場はない。国家の暴力装置である警察や機動隊が違法行為をした者を取り締まる場である。

国家の暴力装置は思想を取り締まることはない。だから辺野古移設反対思想者を取り締まることはない。取り締まるのは違法行為をした者だけである。

キャンプ・シュワブゲート前で座り込むのは違法である。国道を占拠するのは違法である。ゲートに入ろうとする車の前に立ちはだかるのは違法である。イエローラインの内側に入るのは違法である。進入禁止フロートを超えるのは違法である。警察や海保はこのような違法行為を取り締まっているだけである。彼らの思想を取り締まっているのではないし、弾圧もしていない。

しかし、左翼民主主義からすれば彼らの違法行為は正しい行為であり取り締まることが間違っている。彼らにとって警察や海保は彼らの主張する民主主義を弾圧しているのである。

左翼民主主義にとって闘いの場は辺野古である。国会ではない。共産党や社民党は国会では少数派であり過半数を占めるのは夢のまた夢である。議会では闘うことができない。だから辺野古を闘いの場にしている。辺野古では座り込み闘争に1，200人が結集すれば警察や機動隊は手も足も出せず辺野古反対派は勝利するのである。

「1万人集めれば勝てる」が辺野古左翼民主主義者たちの口癖である。1，200人で勝利したのである、1万人集まれば警察や機動隊はお手上げだろう。左翼民主主義辺野古反対派が勝利する。それは議会制民主主義の敗北である。
辺野古左翼民主主義者たちは議会制民主主義によってつくり上げた法律を認めていない。彼らにとって彼らの左翼民主主義が正しい法である。正しい法を実現するためには議会制民主主義国家の暴力装置である警察の取り締まりに勝利しなければならないと考えている。

國分准教授が警察や機動隊を暴力装置というのなら、辺野古反対派の座り込みによるゲート封鎖や国道封鎖は暴力行為である。反対派の暴力を国家の暴力装置が排除しているのが辺野古である。辺野古は議会制民主主義国家の暴力装置と左翼民主主義の暴力の闘いの場である。突き詰めれば辺野古は議会制民主主義と左翼民主主義の闘いの場である。

辺野古移設反対派のプロパガンダ
キャサリン・ミュージック

沖縄タイムスの写真がゴルフ場と民間地による大浦湾汚染を明らかにした。

２０１６年6月１４日の沖縄タイムスに読者が投稿した写真とともに「海が泣いている…　名護・大浦湾が赤土で染まる」という記事が掲載された。写真は大浦湾の北側の沿岸から撮影したものである。

大浦湾に赤土が流れ出て、海を真っ赤に染めている。原因は断続的に強い雨が降り、国道３３１号を挟んだ山手側から赤土が流れ出たせいである。山手側にはカヌチャゴルフコースがある。

写真を見ると赤土で汚染されているのは北側の３３１号線沿いである。向こう側は青い海であり赤土に汚染されていない。

写真でわかることは、大浦湾全体が赤土に汚染されているのではなく、北側沿岸が汚染されていて南側は汚染されていないことである。

南側にあるのが米軍基地キャンプ・シュワブである。キャンプ・シュワブは大雨が降っても赤土は流出しないことが写真で分かる。

北側には住宅と畑があり、カヌチャゴルフ場がある。大浦湾を汚染しているのは民間地であることが写真で分かる。キャンプ・シュワブは自然を汚染していない。自然を守っている。写真でその事実がはっきりした。

大浦湾の藻が繁茂している原因

美謝川はキャンプ・シャワブにある辺野古ダムから国道339号線の下を抜け、緑の木々の中を流れている。山の自然の水がそのまま海に流れ出ているのが美謝川である、

「特にキャンプ・シュワブ大浦湾側、つまり普天間代替飛行場移設事業による直接の埋め立て地の中が最も多くジュゴンに利用されている」（埋め立て反対派グループの報告）

埋め立て反対派グループはキャンプ・シュワブ側に藻が最も多く生えていると報告している。だから、埋め立てるとジュゴンに多大な被害を与えると主張していて辺野古埋め立てに反対している。グループはキャンプ・シュワブ側に藻が繁茂している原因は報告していない。原因を報告するのは彼らにとって不都合であるからだ。藻が繁茂している場所はキャンプ・シュワブを流れている美謝川河口付近である。つまり藻が繁茂している原因は美謝川にある。

美謝川は畑の赤土や生活排水に汚染されないでキャンプ・シュワブの山の豊富な養分をそのまま大浦湾河口に運んでいる。それが藻が繁茂している原因である。

大浦湾の北の民間地には二見川、大浦川、汀間川がある。川沿いには人家や畑があり生活排水や赤土が川に流れ込み、川はそれらを大浦湾に運んでいる。三つの川の中で大浦川が一番大きい。大浦川には沖縄で一番大きいマングローブ林

があるが、マングローブが植わっている場所は上流から赤土が流れてきて堆積している場所である。

大浦川の川沿いは住宅とウコン畑が続いている。ウコン畑の溝は川につながっている。雨が降ると生活排水や畑の赤土が大浦湾に流れ出るのである。

二見川、大浦川、汀間川の河口は赤土の混ざった砂である。白ではなく茶色にくすんだ砂である。汚染された砂である。三つの川は住宅や畑沿いを流れて赤土や生活排水を大浦湾に流しているのだ。

大浦湾の北側には広大なカヌチャゴルフ場がある。ゴルフ場も海の汚染こそすれ、自然を豊かにはしない。大浦湾・辺野古の海が豊かなのはキャンプ・シュワブの山のお蔭であるといっても過言ではない。山の自然が保たれれば大浦湾の自然も保たれる。それが真実だ。


大浦湾を汚染しているのは米軍基地であると辺野古移設反対派は繰り返し主張してきた。それは嘘である。嘘であることを沖縄タイムスに掲載したひとつの写真が証明したのである。


辺野古飛行場建設のために埋め立てをするが、その埋め立てが大浦湾を汚染するというのも嘘である。埋立ての土砂は海に出ない。

埋め立てる時には、海底に土台をつくり、コンクリート製の箱船を埋め立て地の周りに隙間無く並べる。この箱船をケーソンと言う。沈んだケーソンに岩石や解体ビルの破片などを入れて重くする。土砂も同時に入れる。ケーソンの上に上部コンクリート壁を築く。消波ブロック(テトラポット)は魚巣にもなる。全部沈むと埋め立て地の外壁ができあがるが、海水は最初は吸い上げない。だから外海の水圧の影響は受けない。囲いの中に土砂を流し込む。それに応じて海水を吸い上げ放出する。中に土砂を流し込んで埋め立て地の出来上がり。だから土砂が外海に出ることはない。埋め立てで大浦湾が汚染されるというのは真っ赤な嘘である。

キャサリン・ミュージックさんは、10年以上も沖縄に滞在してサンゴの保護活動をした海洋学者であるが、大浦湾に関しては間違った発言をしている。キャサリンさんは「山ぬはぎねー、海んはぎん(山が枯れると海も枯れる)」と自然法則の真理をウチナー言葉で述べた学者であるが、キャサリンさんが2014年に琉球新報に語ったことが嘘であることが、2年後の沖縄タイムスに掲載された一枚の写真が証明した。大浦湾に赤土が流れ出て、海を真っ赤に染めている写真である。

2014年に名護市辺野古沖の大浦湾を訪れたキャサリン・ミュージックさんは、ハマサンゴやアオサンゴの群集するポイントに潜り、視察した。「まだ大丈夫。美しい」と笑みを浮かべ「世界中で（美しい海が）失われている。辺野古の海は絶対に守る。私は諦めない」と話した。

キャサリン・ミュージック＝１９４８年生まれ。海洋生物学者。世界中の海をフィールドにし、１９８０年代に石垣島新空港建設計画があった白保でサンゴの保護活動に関わり、その後沖縄に述べ１１年滞在し、現在はハワイ在住。

キャサリンさんはこれまでプエルトリコの海やグレートバリアリーフ（オーストラリア）など世界各地の海に潜り、サンゴ礁の調査をしてきた。米軍普天間飛行場の移設に伴う辺野古崎の埋め立てについては「恐ろしい行為。ばかなこと」と批判している。

「辺野古の海には千種を超える魚がいる。サンゴも４００種以上が生きている。新種もまだいるはずだ。こんなにも美しく、貴重な海は世界中どこにも残っていない」と話し、

「軍事基地ではなく、海洋公園にするべきだ。世界中の人に辺野古の海の美しさを知ってもらいたい。そうすればきっと、ばかな行為（新基地建設）は止められる」

「カリブ海など世界中でサンゴ礁が失われている。温暖化や赤土汚染、酸性化など理由はさまざまだが、（基地建設で）わざと殺すのは信じられない」と基地建設が大浦湾の自然を破壊すると強調した。

「大浦湾は山と川があり、マングローブの生物など、全てを備えたエコシステムだ。軍事基地より海洋公園にした方が雇用や教育の面でも効果がある」と指摘し、

「破壊か調和か、沖縄の人には選ぶことができる。スコットランドと同じで、沖縄には民主主義が生きている」と語った。

米軍基地は自然を破壊しない。そのことを証明しているのが沖縄タイムスに掲載された一枚の写真である。辺野古飛行場建設で自然を破壊することはあり得ない。しかし、キャサリンさんは自然破壊をするという。キャサリンさんの学者としての見識を疑わなければならない。

キャサリンさんは、「山ぬはぎねー、海んはぎん、海んはぎねーウチナーんはぎん(山がはげれば海もはげる。海がはげれば沖縄もはげる)」とウチナー言葉で言った。その通りである。山からの栄養を含んだ水が海に流れ出て、その養分が海の植物や動物を育てる。山の自然を保つということは海の自然を豊かにするということである。大浦湾の周囲は山である。山の自然が大浦湾の自然を豊かにしているのは事実である。

キャサリンさんの言う通りであるが、しかし、「山ぬはぎねー、海んはぎん」にはひとつ大事なことが抜けている。川である。山の水は川を伝って海に流れ込む。だから、山の自然が保たれたとしても川が汚染された場合は山からの水は汚れてしまい。汚れた水が海に流れ込んでしまう。川が汚れていると海も汚れてしまう。

川を汚染する正体は川沿いにある工場や住宅や畑である。工場や住宅や畑から汚染水が流れ出て、川を汚し海を汚すのである。山は自然のままであっても川が汚染されていると海は汚染されてしまう。

キャサリンさんは「大浦湾は山と川があり、マングローブの生物など、全てを備えたエコシステムだ。軍事基地より海洋公園にした方が雇用や教育の面でも効果がある」と指摘しているが、その指摘は実は間違っている。

大浦湾には二見川、大浦川、汀間川、美謝川があるが、民間地にある二見川、大浦川、汀間川は雨が降ると溜まった生活排水と畑の土を海に流し込む。そして、海を汚染する。

しかし、美謝川は違う。美謝川はキャンプ・シュワブ内を流れていて、ゴルフ場や住宅や畑からの排水が流入することはない。山の水がそのまま大浦湾に流れ込んでいるのが美謝川である。ジュゴンの食する藻が繁茂している場所は美謝川河口である。大きな藻が生えているのも美謝川河口の近くにある。民間地を流れている三つの川の河口にジュゴンの藻が繁茂しているという記事はまだ一度も載ったことがない。もし、軍事基地を撤去し美謝川沿いが住宅や畑になったら美謝川も他の三つの川と同じように汚染されてジュゴンの藻は生えなくなるだろう。キャンプ・シュワブが民間地になれば大浦湾の汚染がもっと進み、キャサリンさんのいうエコシステムは破壊されるだろう。

「山ぬはぎねー、海んはぎん」は嘉手納飛行場以南の北谷町、宜野湾市、浦添市、那覇市、豊見城市、糸満市などの人口密集地にはてはまる理論である。北谷町から那覇市にかけては緑の山はほとんどない。山を切り拓いて草木を切り倒し住宅や工場をつくったからだ。そのために山ははげたのである。それが原因で海岸の多くのサンゴは死滅していった。藻なども少なくなり魚は激減していった。

サンゴの再生に必要なのは苗を植えることではない。山を元に戻すことである。川をきれいにすることである。中南部の山を元に戻すことできないかも知れないが、川の汚染をなくし、海を浄化することはできる。海が浄化しサンゴが育つ環境をつくれば自然にサンゴは増える。川をきれいにすることがサンゴや海の動植物を保護する最良の方法である。

皮肉なことであるが、キャンプ・シュワブがあったから大浦湾の自然は保たれている。海洋学者キャサリン・ミュージックさんの指摘は的外れである。キャサリンさんが真っ先に非難するべき対象は辺野古飛行場建設ではなく、広大なゴルフ場のあるカヌチャリゾートである。カヌチャリゾートは約８０万坪（東京ドーム約６０個分）あり、広大な自然の山を破壊してホテル、ゴルフ場、コンドミニアムをつくった。カヌチャリゾートこそが「山ぬはぎねー」である。カヌチャリゾートを一言も批判しないで辺野古飛行場建設を批判するのは、キャサリンさんは海洋生物学者というより海洋生物学者の肩書をした辺野古移設反対派のプロパガンダである。

沖縄では自然科学者でさえ堂々と大嘘をつくのである。

キャンプ・シュワブの加藤登紀子を考察

私は文学は政治から自立しなければならないと思っている。プロレタリア文学のように政治目的のために表現してはいけない。他方、文学的な視点から政治を見るべきではないと考えている。私はその考えから政治評論を書いているし、小説を書いている。政治と文学は人間世界に関係しているという共通性はあるが、政治は現実の事実に関する世界である。他方文学は作家の観念的芸術的表現の世界である。辺野古移設に対して音楽家の加藤登紀子が意見を述べている。彼女は政治家ではない。左翼運動家でもない。彼女は芸術家である。彼女が芸術家であることを認めた上で批判をしていく。

1969年「ひとり寝の子守唄」で第11回日本レコード大賞歌唱賞受賞。

ひとり寝の子守唄

　加藤登紀子　作詞／作曲

ひとりで寝る時にゃよぉー
ひざっ小僧が寒かろう
おなごを抱くように
あたためておやりよ

ひとりで寝る時にゃよぉー

天井のねずみが
歌ってくれるだろう
いっしょに歌えよ

「ひとり寝の子守唄」は私が学生だった頃の歌である。家族から離れ、一人暮らしをしていた間借り生活にぴったりの歌だった。家族から離れ一人暮らしをしている多くの学生が「ひとり寝の子守唄」を口ずさんだだろう。

加藤登紀子エピソード

学生運動が盛況だった高校生の頃に、東大生の樺美智子の訃報に触れ、心を動かされる。東大入学後、アイドル歌手的存在となりつつも、学生運動に積極的に参加する。その噂を聞きつけた同志社大学の学生であり、ブント系の「反帝学連」委員長の藤本敏夫にコンサートへの出演依頼を受けるものの、歌を政治運動に利用されることを嫌って断る。しかし、この件をきっかけに2人は交際を開始。紆余曲折を経て1972年5月に、防衛庁襲撃事件などで逮捕され勾留の身であった藤本と獄中結婚。「ひとり寝の子守歌」は、塀の中にいる夫を思って作られた曲である。勾留と釈放を挟み、合わせて30年間を連れ添った夫は、2002年に死去（享年58）。夫との間には1972年、1975年、1980年生まれの3人の娘がおり、そのうち1人はYae（藤本八恵）として歌手活動中。

加藤登紀子は学生運動に積極的に参加していたが、藤本氏のコンサートへの出演依頼は断っている。私も学生集会や県民大会に積極的に参加していたが、芸術は政治から自立しているものであり、政治を文学に持ち込むべきものではないと考えていた。加藤登紀子が学生運動に参加したのは一学生としてだろう。決して国家を倒して革命国家をつくる活動家として参加したのではなかったと思う。私も一学生として学生集会や県民大会などに参加した。文学と政治は違うものであり、プロレタリア文学のように共産主義のために作品をつくるのは小説を矮小化するものであると考えていた。社会の矛盾や虐げられた労働者の様子を文学や演劇で表現して市民を反体制運動に覚醒させるというのが戦前のプロレタリア文学であった。戦後はサルトルなどが主張した実存主義がそうである。

文学と政治は別の世界であると考え、政治活動をする気はなかった。しかし、政治は全市民が参加しなければならないと考えていた私は一学生として政治集会に参加していた。那覇市の与儀公園で県民大会があると一市民として参加した。

１９６８年１１月１０日に琉球政府行政主席の公選があった。沖縄の市民が直接行政主席を選挙で選ぶのは沖縄の歴史上初めてのことである。私は歴史的な選挙に革新の屋良朝苗候補の選挙応援をした。バス停留所など人の集まる場所で選挙運動で声を枯らした。屋良朝苗候補は２３７，６４３票を得票し、保守の西銘順治候補

（前那覇市長）に３万票以上の差をつけて当選した。
ところが主席選挙の９日後の１９日に嘉手納飛行場でＢ５２が墜落した。Ｂ５２で嘉手納基地周辺の民家は窓ガラスがめちゃめちゃにこわされた。私の実家は嘉手納飛行場から数キロ離れた場所にあり、家族は恐怖に襲われた。
　学生運動をしている先輩は「選挙では社会を変えることはできない」と言っていたが、Ｂ５２の墜落で私は先輩の言うことが正しいかもしれないと考えるようになり、学生運動に参加した。昼は芸術に興味のない学生たちと政治活動をやり、夜は政治に関心のない学生たちと酒を飲みながら芸術を語り合った。そんな生活を３年近く続けたが、学生運動に失望した私は学生運動から離れていった。

　加藤登紀子が作詞作曲した「ひとり寝の子守唄」は好きな歌である。「ひとり寝の子守唄」は１９６９年の頃の歌であり、学生で一人住まいをしていた私の心情に合う歌だった。加藤登紀子のソフトでありながら淡々としていて、決して力まないで深みに誘っていく歌い方が好きだ。「知床旅情」も好きだし、「百万本のバラ」も好きだ。

　１１月２８日に沖縄市で開催されたコンサートのため来県した加藤登紀子は２９日午後にキャンプ・シュワブにやってきた。そして歌った。加藤登紀子は、「戦後の厳しい時代をくぐり抜けた沖縄には民を守ってきた歌がある。共に心を一つにして歌おう。戦争につながる基地はどこの場所にも造らせてはいけない」と力強く語ったという。加藤登紀子にとってキャンプ・シュワブは決してセクト政治活動家の集まりではない。沖縄の民衆の集まりである。だから、特定の政党を励ましに来たのではなく沖縄の民衆を励ましにきたのだ。加藤登紀子がキャンプ・シュワブで歌ったのはそれはそれでいいと思う。私の加藤登紀子に対する気持ちは変わらない。加藤登紀子の歌は素晴らしいし、考えもそれでいいと思う。

問題は辺野古移設に関する情報が加藤登紀子の耳に正確に伝わっていないことである。そして、伝えることは不可能に近い。

キャンプ・シャワブに加藤登紀子と古謝美佐子が来て、山城議長と歌と弁舌で感動的な場面が展開された。二人の一流の歌手がキャンプ・シュワブに集まった人々を励ましたのである。感動的な情景である。私は大衆運動が好きであるし、純粋な大衆運動であれば私も感動しただろう。その時の感動的な展開の様子を批判するというのはケチつけのようであり、本当はやりたくない。しかし、歪んだ運動を批判するためにはやらなければならない。

辺野古基地建設は普天間飛行場を移転するのが目的であり、新基地建設ではない。代替基地建設である。米軍基地の拡張ではないし、基地強化でもない。基地強化なら普天間飛行場でもできることである。辺野古基地が建設できなければ普天間飛行場が固定化してしまう。普天間飛行場を固定化しないための辺野古飛行場建設である。埋め立ては辺野古崎の沿岸部だけであり、大浦湾や辺野古の海を埋めるのではない。そして、ジュゴンは大浦湾に棲んでいないし、サンゴが破壊されることもない。辺野古基地建設は宜野湾市民の命の危険を救い、騒音被害をなくすものである。その事実を無視して、キャンプ・シュワブで三人の美しく感動的な歌や弁舌が展開されたのである。

山城さんは「ゲート前に二人お揃いです。こんなに嬉しいことはありません」と喜びを爆発させ、カチャーシーを踊って歓迎の意を表した。

登紀子さんはまず、ゲート前に来る前に5年ぶりに辺野古の浜のテント村を訪問した感慨を皆に告げた。「今日で座り込みが４２４２日目だという数字を確認してきました。長い年月、地道に毎日毎日、この海を守ってきた人たちがいる、ということに胸を打たれました」(沖縄タイムス)

テントがあるのは基地建設予定地が見える辺野古の浜ではない。辺野古の浜から数百メートル離れた基地建設予定地が見えないコンクリートの突堤である。突堤は辺野古区民の散歩する場所である。その場所に辺野古代替基地建設反対派の連中が違法にテントを立てて、座り込みをした。それがテント村である。テント村といってもテントがひとつあるだけであり村ではない。

辺野古区民の賛成多数の可決でテントの撤去を決め、稲嶺名護市長に要請したが、稲嶺市長は「表現の自由」を理由に辺野古区民の要請をつっぱねた。辺野古区民の民意を押しつぶしたのが辺野古の突堤のテント村である。加藤登紀子はこの事実を恐らく知っていないだろう。

テントは辺野古区の南側にある。建設予定の辺野古崎は東北の方にあり、テントからは見えない。辺野古崎が見える海岸はテントから数百メートルも離れている。辺野古基地建設反対のテントとしてはあらぬ場所にある。事情を知らない人が見れば辺野古基地建設反対のテントとは思わないだろう。土よりも平らなコンクリートの方が机や椅子が安定する理由でテントを張ったのだ。

テントに居る人間は辺野古区の人ではないし漁民でもない。テントの人間は加藤登紀子のいう「長い年月、地道に毎日毎日、この海を守ってきた人たち」ではない。彼らは辺野古区民とは関係がない。テントの人間を見れば分かることである。

それから登紀子さんはベトナム戦争以来、国同士が戦争では何一つ問題を解決できてない現状を指摘した。空爆が大問題になっている現在のシリアでもそうである、と。（沖縄タイムス）

戦争は侵略から始まる。侵略された国の軍隊が弱ければ植民地にされて戦争は終わる。チベットとウイグルは人民解放軍に侵略された。チベットとウイグルは軍隊が弱かったから人民解放軍に支配され中国の植民地になったのだ。南朝鮮は北朝鮮軍に侵略されて９５％占領された。南朝鮮は北朝鮮に支配される運命であったが、米軍を中心とした連合軍が参戦して北朝鮮軍を押し返して、３８度線を境に北朝鮮と韓国に分かれている。湾岸戦争は、イラク軍がクウェートに侵略して始まった。軍隊が弱かったクウェートは負けてイラクに併合された。そのままだったらクウェートはイラクの植民地になっていた。アメリカ軍が多くを占める連合軍がイラク軍を攻撃し、クウェートを解放した。

タリバンに支配されたアフガニスタンだったが米軍がタリバンをやっつけてアフガンを議会制民主主義国家にした。タリバンの武力勢力はテロ行為を今も繰り返している。フセイン軍事独裁国家イラクを米軍が倒し、イラクを議会制民主主義国家にした。しかし、イラクは過激集団ＩＳＩＳに侵略されて、国家の存続危機に陥った。米国などの応援でＩＳＩＳとの戦争を続けている。

このように戦争はそれぞれ事情が違う。戦争は侵略が原因である。戦争は問題を解決するものではない。むしろ問題を発生させるものである。戦争について真剣に考えたことがない加藤登紀子だから「国同士が戦争では何一つ問題を解決できてない」というのである。

加藤登紀子は、

アフガニスタンで井戸を掘り、水路を引き、大地に緑を広げる活動をし続けている日本人医師・中村哲さんの「戦争の中ではっきりした根源の問題は、人々が土から、生命から切り離されてしまっていること。土と緑を取り戻せば、ここに平和が訪れるのではないか」という考え方と功績を紹介し、「わたしたちの生き方そのものが問われているのだと思います」と語った。「沖縄タイムス」より

中村氏はタリバンの政治を認める人間である。アフガニスタンの民主化を無視している人間である。井戸を掘り、水路を引き、大地に緑を広げてもタリバンが支配するアフガンに幸せはやってこない。戦争さえなければ奴隷生活でもいいと思っているのが中村氏である。

加藤＝戦争で町や農地が破壊されて、政治的・宗教的な難民だけでなく、生活難民が生み出され、飢えと貧困の中でテロリストが生まれています。だからこそ、土を守る、共同体を守る、家族を守ることが大切で、そのシンボルとしてここ(辺野古)があると思います。もうどこにも基地を造らせてはいけないし、もうどこにも空爆してはいけない。頑張りましょう。

「沖縄タイムス」

米軍を中心とする連合軍が空爆をしないと過激集団ＩＳＩＳのイラク・シリア占領が拡大し、多くの人々が殺され、女は奴隷にされていただろう。イラク・シリアの人々を救っているのが米軍である。嘉手納飛行場ではイラク空爆のための爆撃機や戦闘機の訓練をしている。沖縄の米軍基地はアジアの民主主義国家の平和を守り、イラク・シリアのＩＳＩＳを攻撃している。

朝鮮戦争、アフガン戦争、イラク戦争、湾岸戦争を見れば「土を守る、共同体を守る、家族を守る」には強い軍隊が必要であることが分かる。イラク軍が弱かったからイラクはＩＳＩＳに侵略された。もし、米軍が爆撃しなければイラクはＩＳＩＳに占領されていただろう。そうなれば子供たちは軍事訓練を強制されテロリストになっていただろう。

博治さんは「このお二人の前でわたしが歌えると思いますか、皆さんっ」と照れつつ、登紀子さんの歌を許可もなく替え歌にしたことを詫び、「大いに結構」と歌うことを許してくれた登紀子さんへ礼を述べた。

登紀子さんはその事実を笑顔で受け止め、自ら訳詞した「美しい五月のパリ」が、１９６８年フランス五月革命（ドゴール政権の時代に、民主化を求める学生と一般大衆が一体化した大きな運動）のなかで歌われた作者不詳の歌であること、もっと前から歌われていた可能性もあることなどを語った。

そして、次のような言葉を、博治さんとそしてゲート前に集う仲間たちに贈った。

「世界の人たちが、何度も何度もあげてきた、二度と戦争で問題を解決するような世界にしちゃいけないという声を、わたしたちはもう一度束にして、さらに大きな声にしていかなきゃいけないと思います。だから、この歌を沖縄の歌に変えて、受け継いでいってほしいと思います」

山城博治さんは、こう答えた。

「平和を発信するシンボルのような加藤登紀子さんの声援を受けてこの歌をうたえるなんて、望外の喜びです」
歌い始める前に、自らのメッセージを発することを忘れなかった。
「全国の皆さんの中には、自分が辺野古へ来ることがおこがましい気がする、と言われる方があります。それに対してわたしは再三こう申し上げています。全国の皆さん、どうぞ遠慮しないで、ぜひ辺野古に来てください。全国から仲間が来るからこそ、この運動は広がっています。全国の皆さんの理解と声援がなければ、沖縄が日米政府と闘うのは）難しいことです」

「沖縄タイムス」

フランスの五月革命については私の著書「捻じ曲げられた辺野古の真実」で述べている。

フランスの五月革命

事件の発端は1966年に起こったストラスブール大学の学生運動で、教授独占の位階体制に対する民主化要求からはじまった。短編小説「一九七一Mの死」で書いてあるように私が琉球大学の学生運動に参加していた時、琉大の自治会を握っていた革マルが家族闘争の模範としたのがストラスブール大学の学生運動から始まった「フランスの五月革命」であった。「フランスの五月革命」は民主化運動であったが、革マルは革命を目指した運動である。学生の頃は民主化運動と革命運動の狭間で私は悩んだ。

ストラスブール大学の民主化運動はナンテールに波及し、１９６８年３月２２日にはベトナム戦争反対を唱える国民委員会５人の検挙に反対する学生運動に発展、ソルボンヌ（パリ大学）の学生の自治と民主化の運動に継承された。アナーキストのダニエル・コーン＝ベンディットと統一社会党のジャック・ソヴァジョ、毛沢東主義者のアラン・ジェスマル、トロッキストのアラン・クリヴィンネが指導し、フランス全体の労働者も同趣旨から民主化に賛同し、運動は拡大した。その頃から民主化運動の枠を超えて政治運動に転換していった。

ベトナム戦争反対は民主化運動ではないが、しかし、国民委員会５人の検挙は表現の自由への弾圧であり、彼らの逮捕に反対する運動は民主化運動である。

５月２日から３日にかけて、カルチエ・ラタンを含むパリ中心部で大規模な学生デモがおこなわれた。５月２１日にはベトナム戦争、プラハの春事件等の国境を越えた国家権力の抑圧に反対し、自由と平等と自治を掲げた約１千万人の労働者・学生がパリでゼネストを行った。これに対して、機動隊がこの参加者を殴打したため、抗議した民衆によって工場はストライキに突入し、フランスの交通システムはすべて麻痺状態に陥った。「中央委員会」は間接的に援助、各大学もストライキに突入し、このゼネストは第二次世界大戦以来のフランス政府の危機をもたらした。

運動は民主化を越えた反政府運動へと発展していった。

シャルル・ド・ゴール大統領は、軍隊を出動させて鎮圧に動くと共に、国民議会を解散し、総選挙を行って圧勝した。ド・ゴール大統領が選挙に圧勝したことは注目すべきである。つまりフランス国民は民主化運動には賛成したが、民主化運動に乗じたアナーキストやトロッキストたちの反政府運動＝革命運動には反対したのである。

五月革命によって、労働者の団結権、特に高等教育機関の位階制度の見直しと民主化、大学の学生による自治権の承認、大学の主体は学生にあることを法的に確定し、教育制度の民主化が大幅に拡大された。民主化運動の勝利である。五月革命は２０年後の東欧の民主革命に大きな影響を与えただろう。

「捻じ曲げられた辺野古の真実」

五月革命は民主化運動であった。反戦平和運動ではなかった。その結果ドゴール大統領が圧勝した。議会制民主主義の勝利である。辺野古のキャンプ・シュワブの闘いは民主化運動ではない。五月革命に便乗したアナーキストやトロッキストたちの反政府運動と同じである。山城議長は平和運動をしているのではなく、宜野湾市民の人権を無下にし、反米軍基地運動をしているのである。違法行為をし、暴力で辺野古基地建設を阻止しようとしているのである。民主化運動に反する運動をしている。

美しき五月のパリ　【作詞】不明　【作曲】不明　【訳詞】加藤登紀子

1. 赤い血を流し　泥にまみれながら
この五月のパリに　人は生きてゆく
※オ ル ジョリ モア ドゥ メ ア パリ
　オ ル ジョリ モア ドゥ メ ア パリ

2. 風よ吹いておくれ　もっと激しく吹け
青空の彼方へ　我等を連れゆけ
※繰り返し

3. 年老いた過去は　いま醜く脅え
自由の叫びの中で　何かが始まる
※繰り返し

4. ほこりをかぶった　古い銃を取り
パリの街は今　再び生まれる
※繰り返し

5. 歌え　自由の歌を　届け　空の彼方へ
この五月のパリに　人は生きてゆく
※2回繰り返し

詞を読めば、「美しき五月のパリ」が古い歌であることが推測できる。五月革命は銃を持つ闘いではなくデモとストの平和的な闘いだったからだ。

違法行為を繰り返している山城議長に民主主義思想はない。それなのに、

「わたしたちは、民主主義のため、戦争と抑圧のない社会をつくるため、みんな奮闘してるんじゃないですか！」と叫ぶのである。沖縄の民主主義を歪めているのが山城議長である。山城議長が歌った替え歌の詞を紹介する。

＊

『沖縄の未来（みち）は沖縄が拓く』（作曲・不詳　作詞・山城博治）

沖縄の未来(みち)は沖縄が拓く
戦世(いくさゆ)を拒み、平和に生きるため
今こそ立ち上がろう　今こそ奮い立とう

辺野古の海を守り抜くために　圧政迫るが、立ち止まりはしない
今こそ立ち上がろう　今こそ奮い立とう

高江の森を守り抜くために
力を合わせて、スクラム固めよう
今こそ立ち上がろう　今こそ奮い立とう

島々の暮らしを守り抜くために
思いを巡らせて、心を通わそう

今こそ立ち上がろう　今こそ奮い立とう

「沖縄の未来(みち)は沖縄が拓く」とは沖縄が議会制民主主義国家日本の地方自治体として存在することを拒否することである。それは独立思想であって民主主義思想ではない。

辺野古飛行場は辺野古崎の沿岸を埋めるだけであり、辺野古の海の自然はそのままである。議会制民主主義を破壊する山城議長だから、法を守り民主的に進めてきた辺野古飛行場建設が「圧政」に見えるのである。

民主主義国家である米国と日本国家の指導と援助で沖縄は政治も経済も順調に発展してきた。発展の足を引っ張っているのが山城議長である。

山城議長は「島々の暮らしを守り抜くために」の意味を、

「自分はいつも辺野古にいて、与那国や宮古や石垣の人たちに申し訳ないという気持ちがある。政府は、辺野古の米軍基地の建設だけでなく、島々に自衛隊新基地の建設を強行しようとしている。その場に行けなくてごめんなさい、しかし心を繋いで頑張りましょう、というメッセージを込めたんだよ」

とゲート前の仲間に語ったという。

山城議長の「島々の暮らしを守り抜く」というのは民主主義国家である米国と日本国のシビリアンコントロールされた米軍と自衛隊を沖縄から撤去することである。「暮らしを守る」というのは本当は他国に侵略されないで、しかも民主的な政治と経済が発展して生活を豊かにすることである。ところが島々の人たちが他国に侵略されない、平和で自由・平等で豊かな生活を送ることを山城議長の念頭にはない。米軍と自衛隊を撤去させることしか彼の念頭にはない。

フィリピンとベトナムは軍隊が弱いから中国に侵略された。イラクも軍隊が弱かったからＩＳＩＳに侵略された。沖縄は強い米軍と自衛隊に守られているから侵略されなかった。沖縄から米軍と自衛隊を撤去すれば中国やテロ組織に侵略されて島々の暮らしは破壊されてしまうだろう。

山城議長の思想は議会制民主主義を破壊し、島々の暮らしを破壊する思想である。有名歌手でありながら日本、世界の平和を願い、大衆運動に参加するのは素晴らしいことである。しかし、残念ながら加藤登紀子は辺野古問題も山城議長の思想も正しくは理解していない。

議会制民主主義国家は真の平和主義であり自国の平和、世界の平和を求めた政治をやっている。シビリアンコントロールされた軍隊は世界の民主化と平和のために戦っている。その事実を加藤登紀子は理解していない。

キャンプ・シュワブの辺野古飛行場建設反対の運動は加藤登紀子が期待している民主化の運動ではない。平和と民主主義を破壊する運動である。

残念であるが加藤登紀子がこの事実を知るのは無理だろう。

辺野古の真実を捻じ曲げた宮崎駿

世界的なアニメ監督の宮崎駿氏が7月13日、都内で日本外国特派員協会の記者と会見した。宮崎氏は「辺野古基金」の共同代表を務めている。

○「(基地を)沖縄にだけ押し付けるのではなく、全国で負担しようと表明したことは、まだ生きていると思っている」

沖縄の県道104号越えの実弾射撃訓練演習は日本で最大規模の自衛隊演習場である北海道の矢臼別演習場に移転した。米軍はこの演習場で沖縄ではできなかった大規模実弾射撃訓練をやっている。沖縄以上に激しい訓練をしているのだ。航空自衛隊千歳航空基地では嘉手納基地所属のF15戦闘機が「訓練移転」している。滑走路の拡張によって、嘉手納基地と同様、激しい訓練をおこなっている。オスプレイも本土で訓練している。宮崎氏は米軍基地を沖縄に押し付けていると述べているが、事実は違う。全国への分散はすでに行われている。それどころか沖縄よりも激しい訓練が本土で行われている。それが真実だ。

○辺野古新基地建設の目的について「中国封じ込めの最前線にしようとしている」

辺野古はヘリコプター基地であるから戦闘能力に劣る。中国封じ込め基地にはなれない。辺野古基地は世界で一番危険な普天間基地を移設する目的の代替基地である。辺野古が中国封じ込めの最前線になるという考えは荒唐無稽である。沖縄はアニメの世界ではない。

○米海兵隊のグアム移転計画に触れ、「米国では最前線に最強部隊を置くことは戦略上よくないと言っている」。

米国が海兵隊を最強部隊と言っているのか。初耳だ。沖縄の海兵隊は削減するのであっていなくなるわけではない。沖縄に海兵隊は残る。それにしてもどうして沖縄が最前線なのだろう。信じられない話だ。

○「自衛隊が使うことになる辺野古の埋め立てに反対だ。標的を作るようなものだ」

辺野古を自衛隊が使うというのは初耳だ。辺野古が標的だって。辺野古より嘉手納飛行場のほうが戦闘能力は高い。狙うなら辺野古より嘉手納飛行場だ。どうして辺野古が標的になるのか分からない。そもそも、沖縄は小さい島だ。ミサイル攻撃なら辺野古とか嘉手納飛行場とかではなく沖縄島が標的になるだろう。宮崎氏は現実の世界ではなくアニメの世界に居るようだ。

○「辺野古に埋め立ての基地を造ることは反対だ。沖縄の人の過半数以上が辺野古に基地を造ることに反対している。これから困難な道があるが、永続的にあらゆることをしていく」

アニメ制作の時、宮崎氏は賛成多数の原理に従っているだろうか。過半数のスタッフがAの描写を支持し、宮崎氏はBの描写がいいと思った時、Aの描写を選ぶだろうか。違うと思う。アニメ制作の世界は多数決の原理で決めるものではない。宮崎氏は検討した結果Bがいいと判断すれば多数決に応じないで少数の自分の意見を優先するだろう。その代わり結果には自分が責任を持つ。

県民の過半数が辺野古移設に賛成した場合、宮崎氏は辺野古移設に賛成するだろうか。賛成しないだろう。なぜなら辺野古移設をしないほうが正しいと宮崎氏は思っているからだ。辺野古移設問題はアニメとは違う。現実だ。現実を知ることが大事であるが宮崎氏は辺野古の現実を見ていない。辺野古移設は普天間飛行場の危険性除去が目的であり、深く調べていけばそれに尽きるということが分かる。人道主義の問題であることを宮崎氏は知らない。

○「普天間の基地は移転しないといけない。辺野古を埋め立てるのはいけない」

アニメならこの難問を解決することができるかもしれない。「沖縄がかわいそうだから私たちの村で受け入れます」と情け深い村が現れるとか。小さな島が隆起して普天間飛行場移設ができるようになるとか。・・・しかし、普天間飛行場移設問題は現実である。本土移設は不可能である。「普天間の基地は移転しないといけない。辺野古を埋め立てるのはいけない」は現実では成り立たない。「普天間固定化か辺野古移設」である。アニメ世界の延長で辺野古移設問題を語るべきではない。

○「沖縄返還の年の4月、大事な沖縄の友人が東京の大学に入るためにパスポートと伝染病予防注射の紙を持って東京に来た。その時の話を思い出すと、沖縄の人にものすごく申し訳ないと思う。それで共同代表を引き受けることにした」と言葉を詰まらせながら語った。

政治は日本国民1億2000万人、沖縄県民140万人に関わることである。個人的な体験や感情を政治に持ち込むべきではない。政治にかかわるならアニメの世界から離れて、事実をたんねんに調べ普遍的な思考をするべきである。宮崎氏は辺野古移設になった歴史を知らない。ちゃんと調べてから考えるべきだ。

「沖縄の人にものすごく申し訳ないと思う」の気持ちから辺野古基金の代表者になったとしたら宮崎氏はとんでもない間違いを犯している。辺野古移設は人道問題であって基地問題ではない。

○「軍事力で中国の膨張を止めることは不可能で、別の方法を考えるために日本は平和憲法を持ったのだと思う」

中国の国防費は過去10年間で約3・6倍、年間約1290億ドル（16兆9000億円）に達している。南シナ海スプラトリー諸島で国際法を無視して埋め立て工事を行い、東シナ海油田、日中境界線のすぐ横に巨大なプラットフォームを建設している。これはいつでもヘリ発着が可能、潜水艦の探査も可能だという。平和憲法で中国の軍事力膨張を止めるのは不可能であることは明らかである。そもそも平和憲法は日本に軍隊を持たさないために米国がつくった。「別の方法を考えるために日本は平和憲法を持った」のではない。

アニメの世界と政治の世界は違う。政治を語るならアニメの世界を完全に断ち切り、政治を1から勉強しなければならない。アニメの世界に留まりながら政治の世界に入っている宮崎氏は政治的に愚かである。

宮崎氏は辺野古の真実を捻じ曲げている。

２０１６年１０月１０日発行
あなたたち　沖縄を弄ぶなよ
　　定価１４５８円(消費税込)

著作・編集・発行者　又吉康隆
発行所　ヒジャイ出版
〒　９０４-０３１４
沖縄県中頭郡読谷村字古堅５９-８
電話　〇九八-九五六-一三二〇
印刷所　東京カラー印刷株式会社
ISBN978-4-905100-18-8
C0036

著者　又吉康隆
１９４８年４月２日生まれ。読谷村出身、
琉球大学国文学科卒、

ヒジャイ出版の本

沖縄に内なる民主義はあるかA5版　1620円(税込み)

著者・又吉康隆

第一章　琉球処分はなにを処分したか
第二章　命どぅ宝とソテツ地獄
第三章　県議会事務局の米軍基地全面返還したら9555億5000万円の経済効果試算は真っ赤な嘘
第四章　基地経済と交付金の沖縄経済に占める深刻さ
第五章　普天間飛行場の移設は辺野古しかない
第六章　八重山教科書問題はなにが問題だったか

捻じ曲げられた辺野古の真実　定価1652円(税込み)

著者・又吉康隆

一九七一Mの死　定価1188円(税込み)　著者・又吉康隆

ジュゴンを食べた話　定価１６２０円(税込み)　著者・又吉康隆

バーデスの五日間　上１４０４円(税込み)・下１２９６円(税込み)　著者・又吉康隆

愛する恵子を殺されたバーデスの沖縄・フィリピンを舞台の復讐劇

沖縄内なる民主主義９　定価１５１２円(税込み)Ａ４版

著者・又吉康隆

第一部　政治・評論

辺野古反対派の傍若無人のユーチューブ映像

「くるさりんどう山城」誕生の瞬間

逮捕される籠城男　辺野古

山城ヒロジの恫喝とブロック搬入

マスコミが伝えない沖縄 辺野古青年団ＶＳ 辺野古左翼

機動隊と警備の隊員を恫喝する山城博治

辺野古は議会制民主主義と左翼民主主義の戦い

翁長雄志は沖縄政治史上最悪の知事である
翁長知事は反法治主義者である
翁長知事の承認取り消しを政府は一蹴せよ それが沖縄政治のためだ

オスプレイそしてＡＷ６０９
熊本大地震、オスプレイの活躍に期待した
沖縄二紙のオスプレイ支援報道には虚しくなる
琉球新報社説批判
琉球新報の反オスプレイイデオロギーは異常
なんと！　民間ＡＷ６０９機を来年にも発売
ＡＷ６０９（航空機）とは
おおさか維新の会に期待１
緊張が続く南沙諸島
北朝鮮の情勢
朴大統領の「歴史が依然障害」には呆れる
アラブの春は終わっていない
ミャンマーの民主化
議会制民主主義国家樹立がシリア難民解決
中国論１

かみつく　Ａ４版　定価１２００円(税抜き)
かみつく２　Ａ５版　定価１５００円(税抜き)
かみつく３　Ａ５版　定価１５００円(税抜き)
沖縄内なる民主主義４　Ａ４版　定価６００円(税抜き)
沖縄内なる民主主義５　Ａ４版　定価６００円(税抜き)
沖縄内なる民主主義６　Ａ４版　定価６００円(税抜き)
沖縄内なる民主主義７　Ａ４版　定価１６２０円(税込み)
沖縄内なる民主主義８　Ａ４版　定価１６２０円(税込み)Ａ４版

県内取次店
沖縄教販
　ＴＥＬ　０９８-８６８-４１７０

本土取次店
(株)地方小出版流通センター
　ＴＥＬ０３-３２６０-０３５５
　ＦＡＸ０３-３２３５-６１８２
取次店はネット販売をしています。